これから読む聖書
A Bible Guide for Future Readers

橋爪大三郎
Daisaburo HASHIZUME

Exodus
出エジプト記

春秋社

まえがき

「出エジプト記」は『旧約聖書』のなかで、「創世記」と並んで有名かもしれません。預言者モーセが、イスラエルの民を率い、紅海を背に追手が迫ると、杖をあげます。すると、海が真ふたつに分かれ、無事に渡ることができました。神の奇蹟です。映画『十戒』の有名なシーンです。

「出エジプト」は、人類に大きな影響を残す出来事でした。

エジプトは、奴隷の国。人びとはくびきを背負って、苦しんでいました。それに対して、約束の地は、自由の国。人びとはそこで、神に守られて暮らすのです。その旅を導くのが、立派な指導者です。指導者に導かれて、約束の地、理想の社会をめざす。——この物語は、人びとを鼓舞し、新大陸を目指してアメリカを建国したり、共産党に導かれてソ連や中華人民共和国を建国したりと、世界史の筋書きを変える力をもったのです。

＊

モーセの働きで、もうひとつ大事なのは、神の律法を人びとにもたらしたことです。神の律法としては、「十戒」が有名です。けれども、モーセの律法は、もっと長くて複雑なもので、『旧約聖書』の最初の五冊である、モーセ五書の全体に書かれているのです。ユダヤ教はこれを重視し、ユダヤ法の体系をつくりあげました。

日本には、預言者の伝統がないので、預言者モーセにあたる人物を、歴史にみつけることはできません。でも、一神教では、神と人間を媒介する預言者は、なくてはならない存在です。およそ二五億人のキリスト教徒。一五億人のイスラム教徒。世界の半分以上を占める彼らに、預言者のいない世界は考えられないのです。

「出エジプト記」を丁寧に読むならば、キリスト教、イスラム教への理解もなおいっそう深まるでしょう。

＊

本書をまとめるにあたっては、「創世記を読む」と同様、つぎのことに心がけました。

・聖書学の成果をなるべく織り込んで、聖書の本文を合理的に解釈すること。
・旧約聖書がもともとユダヤ教の聖典であることに、じゅうぶんに配慮すること。
・信仰をもつ読者にも、信仰をもたない読者にも、理解しやすく説明すること。

・聖書と併せて読むのが望ましいが、本書だけを読んでもストーリーを追えること。
・聖書が初めてのひとにも、聖書をよく知っているひとにも、プラスになること。

ともかく聖書を、ごくふつうの本として読んでもらいたい。日本人のなかには一生、聖書と縁のないまま終わってしまうひとがかなりいます。本当にもったいない。人間として生まれた以上、世界でもっとも読まれているこの本を、ぜひ自分自身で、味わってもらいたいと思います。

本書は、聖書のごく一部、『旧約聖書』の二番目の書物である「出エジプト記」をとりあげたにすぎません。けれどもさいわい、「出エジプト記」には、一神教のテーマが凝縮されています。「出エジプト記」を読むだけでも、かなりのことがわかります。

それでは、どうか本書を道案内に、聖書の奥深い世界を堪能してください。

いろいろな聖書

本書は、『聖書』をかたわらに置いて、交互に読み進めましょう。

どうか、『聖書』をご用意下さい。

どんな『聖書』でも、お手元にあれば、それでかまいません。

新しく買う場合は、日本聖書協会の「協会共同訳」がよいと思います。二〇一八年まで三〇年あまり使われてきた、「新共同訳」でもいいと思います。どちらも何種類か出ていますが、「旧約聖書続編つき」「引照つき」をお勧めします。


『聖書協会共同訳聖書』（日本聖書協会、二〇一八年。新共同訳聖書刊行から三一年ぶりに、カトリックとプロテスタントの一八の教派・団体が参加し、ヘブライ語・ギリシア語などの底本から八年をかけて翻訳された旧新約聖書。引照・注付き。旧約聖書続編はあり・なしが選べる）

『新共同訳聖書（中型、旧約聖書続編つき、引照つき）』（共同訳聖書実行委員会訳、日本聖書協会、一九九八年［初版一九八七年］ISBN978-4-8202-1243-0）

本書では、次の翻訳を、正確で学術的に信頼できるという理由で用いています。「協会共同訳」「新共同訳」と異なる部分があります。それも参考になると思います。

『旧約聖書II　出エジプト記　レビ記』（旧約聖書翻訳委員会訳、岩波書店、二〇〇〇年。このシリーズは聖書の各文書を第一線の聖書学者が個人訳しているのが特徴で、「出エジプト記」は木幡藤子・山我哲雄訳。註・解説・図版が充実。本書では「岩波赤本」と略記）

『旧約聖書I　律法』（旧約聖書翻訳委員会訳、岩波書店、二〇〇四年。「岩波赤本」全一五巻のうち最初の三巻＝創世記／出エジプト記・レビ記／民数記・申命記＝を一冊にまとめたもの。図版や註・用語解説がある程度削られている。「岩波白本」と略記）

そのほかの日本語訳には代表的なものとして次のような聖書があります。

『口語訳聖書』（日本聖書協会、新約・一九五四年、旧約・一九五五年）

『文語訳聖書』（現行本は、一八八〇年／一八八七年に刊行された文語訳聖書［明治元訳］の新約部分を大正時代に改訳したもの。日本聖書協会、初版一九一七年／岩波文庫、二〇一四年）

『フランシスコ会訳聖書』（『聖書――原文校訂による口語訳』フラ

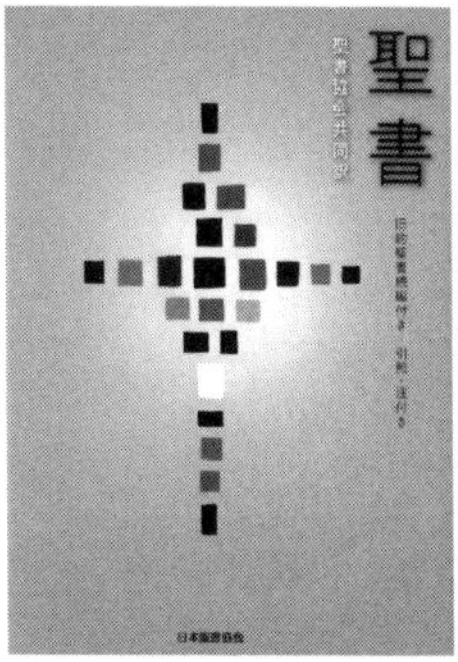

聖書協会共同訳聖書
旧約続編・引照・注つき

ンシスコ会聖書研究所訳・註、サンパウロ、合冊版二〇一一年／二〇一三年。一九五八年から二〇〇二年にかけて、詳細な註釈を付して刊行された分冊版を合本。若干の用語変更や註釈の削減がある）

『新改訳聖書』（第四版。翻訳・新改訳聖書刊行会、発行・日本聖書刊行会、発売・いのちのことば社、二〇一七年。初版は一九七〇年。二〇〇三年刊行の第三版を全面改訂）

『ギデオン協会聖書』（一九五五年創立の日本国際ギデオン協会が、ホテルや病院、あるいは個人に無償で配布・贈呈している聖書。前述の新改訳や新共同訳のほか、日本国際ギデオン協会発行のニューバイブルという個人訳の聖書がある。ただし新約聖書のみ）

『新世界訳聖書』（エホバの証人の発行する聖書。新世界訳聖書翻訳委員会によって英訳された聖書の日本語版。現行は二〇一九年改訂版）

また、英語訳の聖書は本当にたくさんあるのですが、そのうちのいくつかを挙げておきます。

King James Version（KJV）（イギリスのジェイムズ一世の命令によって一六一一年に刊行された格調高い英語訳聖書。日本では欽定訳聖書と呼ばれる。現在では American Bible Society, Collins 他、様々な発行元が出版している）

The New Oxford Annoted Bible: New Revised Standard Version With the Apocrypha, Fully Revised

Fourth Edition. Coogan, Michael, D. (ed.), Oxford University Press, 2010 (NRSV).

Good News Bible: Today's English Version, American Bible Society.（英語が母語でない人も念頭に置いて、意味がわかりやすいことを第一とし、逐語的にでなく、専門用語も使わず、やさしい英語で翻訳された聖書。一九六六年に新約が、一九七六年に旧約も含めた完本が刊行され、さらに一九七九年には第二正典／外典付も出版されている）

TANAKH（ヘブライ聖書［タナハ］の英語訳。*The Jewish Bible: Tanakh: The Holy Scriptures*, The Jewish Publication Society, 1985 など様々な版が刊行されている）

これから読む聖書

出エジプト記

目　次

まえがき　i
いろいろな聖書　iv

第1部　エジプト脱出　3

1　エジプトの圧政　1章　5
コラム　旧約聖書とタナハ　15
2　モーセの召命　2章〜4章　17
コラム　奇蹟　39
3　ファラオとの交渉　5章〜7章7節　43

4 奇蹟と災禍 7章8節～11章 …… 49
5 過越し 12章～13章16節 …… 63
6 海の奇蹟 13章17節～15章21節 …… 73
コラム ヘブライ …… 86

第2部 荒野 …… 87

7 荒野の民 15章22節～17章16節 …… 89
8 モーセとイエトロ 18章 …… 99

コラム　安息日　103

第3部　シナイにて　105

9　神の到来　19章　107
10　十戒と契約の書　20章～23章　113
11　契約を結ぶ　24章　143
コラム　十戒　148

12　聖所と祭儀の指示　25章〜31章……151
13　金の子牛　32章〜34章……187
コラム　**創世記は誰が書いた？**……206
14　聖所をつくる　35章〜40章……209
まとめにかえて……231
主な参考文献　I

『聖書』を読みたいと思うひとは、多い。だが、読み通したひとは少ない。

『聖書』は、ハードルが高い書物である。

新約聖書は、まだましである。イエス・キリストの教えは理解しやすい。

旧約聖書はそうは行かない。まず、長い。それに、古いイスラエルの話で、意味がわからない。読み方もわからない。レビ記あたりで挫折してしまう。

残念なことである。

イエスの教えは実は、旧約聖書からの引用が多い。旧約聖書を踏まえないと、新約聖書は理解できない。キリスト教はもちろん、ユダヤ教やイスラム教を理解するにも、旧約聖書のあらましを知っておくのは不可欠なのだ。

『聖書』が読み通せないのは、ちょうどよい参考書がないのも一因である。信仰のあるなしに中立で、聖書学の成果をおさえていて、大人の理性で『聖書』を読解できる道案内。本書はそんな、『聖書』のコンパニオンを目指している。

『聖書』は、人類最大の財産である。本書を役立てて、どうか『聖書』のエッセンスをわがものとしてほしい。

これから読む聖書

出エジプト記

E X O D U S:
A Bible Guide for Future Readers
by Daisaburo HASHIZUME

SHUNJUSHA

第1部　エジプト脱出

第1部扉

モーセとその母

（アレクセイ・ティラノフ 19世紀前半）

1　エジプトの圧政

『聖書』の用意はよろしいでしょうか。

ではこれから、出エジプト記を読んでいきましょう。

でもその前に、ちょっとだけ、『聖書』について説明します。

じつはこの説明は、前著『創世記を読む』で書いたことと同じです。でも、『出エジプト記を読む』から手にとった読者もおられると思うので、繰り返しておきます。

＊

『聖書』は大きく二つの部分、旧約聖書（Old Testament）と、新約聖書（New Testament）からできています。（ちなみに、Testament とは、契約という意味です。）

旧約聖書はもともと、ユダヤ教の聖典（タナハ［↓コラム、一五頁］といいます）です。それをそのまま、キリスト教の聖書にしました。

旧約聖書は、多くの書物の集まりです。前から順に、創世記、出エジプト記、レビ記、民数記、申命記、ヨシュア記、士師記、……と並んでいます。

このうち最初の書物五つを、「モーセ五書（Pentateuch）」または「トーラー（Torah）」といます。預言者モーセが、神との契約を書き記した書だとして、とりわけ重視されてきました。

そのなかで、二番目の書物が、出エジプト記です。英語ではExodusといいます。

旧約聖書の原文はヘブライ語です。この書物は、当時の習慣で、本文の最初の単語をとり、「シェモース」（「名前」の意味）と呼ばれていました。これがギリシャ語に訳されたときに、Exodus（脱出）と、内容を表わす書名がつけられました。それが、ヨーロッパ諸言語の聖書でも受け継がれてています。

「出エジプト記」は、漢訳聖書が採用したExodusの訳語「出埃及記」を、そのまま日本語に直したものです（「埃及」はエジプトの意味）。

＊

出エジプト記は、内容からみて、大きく三つの部分に分かれます。

- 第一の部分は、エジプトから脱出するまでの物語。
- 第二の部分は、荒野をさまよう人びとの物語。

・第三の部分は、シナイ半島で、神の命令に従うようになる人びとの物語。

本書もこれに合わせ、三部構成としました。さらに細かく、全体を一三に分けてあります。なお、聖書の本文には一切、これに類する区切りや小見出しはありません。○章○節という区切りも、章は一三世紀、節は、旧約聖書については一五世紀に、新約聖書については一六世紀に、便宜のために始まったやり方で、もともとの聖書についているわけではありません。

＊

ではいよいよ、出エジプト記を読んで行きます。

読むでは、指定の箇所を、お読み下さい。

それに続けて、この箇所の読み方、読みどころを説明してあります。

註には、細かな注意を示してあります。本文を理解する、参考として下さい。なお、x・yは、x章y節の意味です。

コラムは、背景となる知識を、まとめてあります。『聖書』本文の理解が、いっそう深まると思います。

読む

出エジプト記1章1節～22節

◉ 1章1節～7節

エジプトにやって来たイスラエル（ヤコブの別名）の息子たちの名前。めいめいが、部族の祖先である。ルベン、シメオン、レビ、ユダ、イッサカル、ゼブルンは、ヤコブの妻レアの生んだ息子。ベンヤミンは、妻ラケル（レアの妹）が生んだ息子。ダン、ナフタリは仕え女のビルハが生み、ガドとアシェルは、仕え女のジルバが生んだ。彼らは七〇人であった。

ヨセフも兄弟たちも死に絶え、世代が交代した。イスラエルの人びとは、人数が増え、強大になった。

彼らの物語は、創世記に詳しく書いてある。ラケルのもうひとりの息子、ヨセフは、父に愛され、兄弟たちに妬まれ、隊商に売られてエジプトにやってきたのだった。

ヤコブは、アブラハムの孫（イサクの子）で、一二人の息子たちの父。民族の父祖と考えられている。この集団を、「イスラエルの民」とも、「ヤコブの家」ともいう。

◉ 1章8節〜14節

ヨセフは、エジプト王ファラオに信頼され高官をつとめたのだが、新しい王は、ヨセフを知らなかった。そしてイスラエルの民を危険視し、弾圧することにした。イスラエルの人びとには、監督が置かれて強制労働が課せられ、ピトムとラメセスの二つの町を建設させられ、粘土や煉瓦を使う重労働をさせられた。

当時、もっともふつうの建築材料は日干し煉瓦で、藁をまぜた粘土を練って型に入れ、乾かして造った。外国人労働者として、奴隷の境遇に置かれたことが、描かれている。約束の地を目指す、伏線になっている。

モーセ五書に出てくるファラオは五人いるが、いずれも名前が記されていない。サラをアブラハムの妹と思ったファラオ、ヨセフを気に入ったファラオ、ヨセフを知らないファラオ、モーセを殺そうとしたファラオ（このファラオは、ヨセフを知らないファラオと同一人物かもしれない）、そして、出エジプトのファラオ。名前が記されていないのは、この話がフィクションだから、エジプト王を低くみているから、伝承のなかで名前が伝わっていないから、などの説がある。

◉ 1章15節〜22節

ファラオは、ヘブライ女の助産婦シフラとプアに命じて、男子が生まれたら殺すように命じた。二人は、男子を生かしておいた。ファラオに咎められると、ヘブライ人の女は助産婦が着く前に生んでしまうのです、と答えた。人数がますます増えたので、ファラオは、男の子が生まれたらすべてナイル河にほうりこむように命じた。

二人の助産婦は、機転をきかせてピンチを切り抜ける、イスラエル民族の英雄として描かれている。ファラオの追及をかわす応答も、ユーモアを感じる。二人の助産婦は、神さまにほめられたことになっている。

出エジプト記の書き出し（第1章）は、早くも、この書物の本質に切り込んでいます。それは、奴隷制です。

日本には歴史上、はっきり奴隷制の時代がありませんでした。奴隷制を経験していないのですから、奴隷制がどんなものか、ピンときません。そこで、よく注意して、奴隷制という社会の仕組みの意味を、理解する必要があります。

＊

メソポタミアでも、隣接する地域でも、奴隷制は当時の社会経済構造の基礎でした。古代、産業の中心は、大規模な灌漑農業で、奴隷を使役して耕作させるとどっさり収穫が見込めました。でも、奴隷になりたいひとはいません。そこで、どうやって奴隷を確保するかが大事になります。

第一に、戦争で、敗れた民族を捕虜とし、奴隷にする。命を助けるかわりに、使役するのです。第二に、借金のカタに奴隷にする。第三に、奴隷の生んだ子どもは奴隷になる。生まれついての奴隷です。この三通りがありました。いずれも、不本意なかたちで、奴隷の身分になります。

奴隷は、非人間的にみえますけれども、当時の確立した制度でした。法律が、奴隷を認めていたのです。旧約聖書を読むのに、まずこの常識を、踏まえなければなりません。

＊

奴隷は、自由人となにが違うかと言うと、まず、自由がない。主人の言うことを聞かなければならないから。これはまあ、わかりやすい。

そして、法的人格がありません。奴隷は、主人の所有物（私的財産）なので、法的人格がない。契約を結ぶことができない。よって、ものの売買もできない。売買しているようにみえても、それは、主人の代わりにやっているのです。所有権がない。よって、私有財産をもつことができない。

そして、家族をもち、安定して暮らせる権利がありません。結婚できる場合もありますが、それには主人の許可が必要です。子どもが生まれて、家族のように暮らせる。それは、主人が親切だからかと言うと、そうではなく、主人の都合です。主人は、市場で奴隷を買ってくるかわりに、タダで奴隷を手に入れたいだけなのです。そこで、主人の都合で、いつ売られてしまうかもわかりません。現金が必要だから、この家族は市場で売ってしまおう。市場では、家族をまとめて売り買いするわけではないので、バラ売りです。その日を境にもう一生、家族は会えなくなるのです。

このように、私有財産もない、家族もない。幸せの定義は、いろいろあるでしょうが、私有財産と家族は、その基礎ではないでしょうか。奴隷には、そのどちらも保障されません。奴隷制は、とても人間性に反する制度なのです。

＊

イスラエルの人びとは、奴隷制にどういう態度をとっているか。

奴隷制には、かなりはっきり、否定的です。出エジプト記が、それを示しています。なにしろ、エジプトで奴隷扱いされていたのを、抜け出して、約束の地に入って自由になる、というストーリーなのですから。

奴隷はよくない、人間は自由であるべきだ。これが、『旧約聖書』の根底にある思想です。そして、『新約聖書』（キリスト教）に流れこんでいます。

奴隷制は、なぜいけないのか。それは、人間が、人間を主人とするからです。人間は、神を主人とするべきなのです。一神教の信仰は、奴隷制と相容れない。これが、ユダヤ教の基本思想です。

とは言え、現実には当時、奴隷制がグローバル・スタンダードでした。現に奴隷がいます。そこでユダヤ法は、奴隷についても定めています。奴隷制は、合法なのです。（この態度は、キリスト教も同じで、奴隷制に賛成ではありませんが、奴隷制を合法と認めてはいました。）

奴隷制の現実を認めつつも、それに反対する態度をとる。『旧約聖書』を読むと、そうした態度が身につきます。ユダヤ教のこうした態度は、近代的なものだと言えるでしょう。

＊

イスラエルの人びとがなぜ、そうした態度をとったかというと、イスラエルの社会が、そこまで発達していなかったからだ、とも言えます。

イスラエルは、部族社会を基本にしています。部族社会は、族長（伝説的な祖先）がいて、それに従う血縁集団を基礎にする社会です。もともとイスラエルの人びとは、遊牧民（小家畜飼育者）だったと伝えられていて、アブラハムの物語も、そうした伝承を反映しています。それが定着して、農耕を営むようになりました。定着すると、部族社会は崩れて、社会階層の分解が起こり、地主や零細農民や、商人や職工や、……が生まれます。それでも、部族社会の伝統や慣行を守ろう、という保守的な行き方が、ユダヤ教の特徴です。古きよき社会のあり方を大事にし、経済合理性一点張りの奴隷制（グローバリズム）には反対する。神への信仰を大事にするユダヤ教は、こうした保守的な思想でもあります。

＊

当時の圧倒的な現実であった、奴隷制にどういう態度をとるか。これが、出エジプト記のテーマだとすれば、それは、グローバリズムに翻弄される現代のわれわれにとっても、決してひとごとでない物語だと言えるのです。

コラム

旧約聖書とタナハ

旧約聖書は、ユダヤ教の聖典（タナハ Tanakh または Tanak）をそのままキリスト教の聖書にしたものである。しかしその関係は、やや複雑である。

タナハ（ヘブライ語正典）は、紀元九〇年に開かれたヤブネ会議で、ラビたちの合議で決められたという。タナハは、タ（トーラー、律法）、ナ（ネビイーム、預言者）、ハ（ケトビーム、諸書）のように、頭文字をとった呼び方で、正典とされる書物をこの三つのカテゴリーに分類し、その順番も以下のように決めた。

トーラー　創世記、出エジプト記、レビ記、民数記、申命記。

ネビイーム　ヨシュア記、士師記、サムエル記、列王記、イザヤ書、エレミヤ書、エゼキエル書、十二小預言者。

ケトビーム　詩篇、箴言、ヨブ記、雅歌、ルツ記、哀歌、コーヘレト書、エステル記、ダニエル書、エズラ記、ネヘミヤ記、歴代誌。

タナハと旧約聖書は、書物の並び順が少し違う。キリスト教徒が用いている旧約聖書の並び順は、以下のようである。

律法の書　創世記、出エジプト記、レビ記、民数記、申命記。

歴史書　ヨシュア記、士師記、ルツ記、サムエル記、列王記、歴代誌、エズラ記、ネヘミヤ記、エステル記。

詩歌、知恵の書　ヨブ記、詩篇、箴言、コーヘレト書、雅歌。

預言書　イザヤ書、エレミヤ書、哀歌、エゼキエル書、ダニエル書、ホセア書、ヨエル書、アモス書、オバデヤ書、ヨナ書、ミカ書、ナホム書、ハバクク書、ゼファニヤ書、ハガイ書、ゼカリヤ書、マラキ書（ホセア書からマラキ書までは、十二小預言者）。

なぜ順番が違っているかというと、キリスト教徒の編集した旧約聖書が、七十人訳ギリシャ語聖書の順番に従っているためだ。タナハは、上のリストからわかるように、書物の性格を分類したものになっている。それに対して七十人訳と旧約聖書は、著者の時代を古いほうから新しいほうに順に並べる、という考え方でできている。

ユダヤ教のタナハは、七十人訳に含まれていた一三の書物を、正典に含めないことにした。

これらの書物は、旧約聖書の「外典」とか「続編」とかよばれる。その扱いは、カトリック、聖公会、プロテスタントごとにまちまちである。カトリックは一三のうち一〇書を正典と認め、伝統的に第二正典と呼ぶのに対し、プロテスタントでは外典として扱い、正典とは認めない。聖公会は、一三のうち一二の書物を正典と認めている。

2 モーセの召命

……2章〜4章

第1章は、最初の書物である創世記の最後の部分の主役である、ヨセフの物語を受けての、つなぎのような章でした。そして、イスラエルの人びとが、エジプトで強制労働に苦しむ苦難も描かれます。

第2章からいよいよ、モーセを主役とする、出エジプト記の物語が始まります。

モーセは、預言者。神に選ばれ、神の言葉を伝える人物です。しかも、ユダヤ教に多くいる預言者のなかで、最大の預言者なのです。

モーセがもっとも偉大な預言者であることは、『旧約聖書』の構成からも明らかです。

ふつうの預言者は、ひとりに一冊、書物があればよいほうです。イザヤにはイザヤ書。エレミヤにはエレミヤ書。エゼキエルにはエゼキエル書。けれども、モーセに限っては、モーセ五書といって、ひとりで五冊もあります。別格です。そしてモーセ五書は、トーラー（モーセの律法）として、ユダヤ法の根幹だとされます。モーセが預言者として特別なのは、明らかです。

＊

モーセの功績は、二つあります。

ひとつは、イスラエルの民をエジプトから導き出し、約束の地へ連れ帰ったこと。

もうひとつは、神と交流し、神から契約を受け取って、神とイスラエルの民との関係を確立したこと。

どちらも、これ以上ないほど重要なはたらきです。モーセなしで、イスラエルの民もユダヤ教も、その存在が考えられません。イスラエルの人びとの歴史に、なくてはならない預言者が、モーセです。

＊

それは確かなのですが、同時に、モーセには、不可解な謎がいくつもあります。

第一に、名前。モーセという名は、ヘブライ語ではなく、エジプトの言葉に由来するらしい。どうしてエジプトの名前がついているのか、不思議です。エジプト人だからではないか、と考えるひともいます。

第二に、生い立ち。ユダヤ人でありながら、数奇な運命によって、エジプトの王宮で育てられるのですが、よく考えてみると不可解な話です。

第三に、殺人犯であること。モーセは、同胞が虐待されるのをみて逆上し、ひとを殺めてしまいます。殺人犯が、偉大な預言者。こういう不都合な出来事が、どうしてモーセの身の上に起こったと書かれているのか、不思議です。

第四に、外国人と結婚すること。殺人犯のモーセは砂漠に逃れ、ミディアン人のもとに身を寄せ、ミディアン人と結婚した。外国人を妻とすることは、ユダヤ人としてはふつうでない。なぜモーセがそのような人物として描かれているのか、不思議です。

第五に、アーロンとの関係。兄弟ということになっているが、一人息子ではなかったのか。そしてその役割分担も、奇妙です。なにかすっきりしない感じがします。

第六に、出エジプト記でなく、申命記（『旧約聖書』の五冊目の書物）の最後に書いてあることですが、モーセの最期の事情が不明確であること。モーセは、約束の地に入ることを許されず、荒野にとどまります。墓がみつからない、とも書いてある。ジグムント・フロイトは、この経緯に不審を抱いて、「モーセは殺害されたのだ」という仮説を立てたほどです。

主なものをあげても、これだけあります。モーセは、謎の多い人物なのです。これからモーセの活躍をみていく場合に、頭の隅に入れておきましょう。

＊

創世記と出エジプト記は、ひと続きの物語のようにも読めますが、違いがあります。

創世記は、神と人びとのあいだの物語であって、神は人間に直接語りかけます。人びとはそれを実行します。預言者であるという意識や、役割が、はっきりしない。

それに対して、出エジプト記は、神とイスラエルの民のあいだに、預言者（モーセ）が自覚的に、立っています。預言者は、神の言葉を人びとに伝え、人びとを導きます。そして、神の言葉を契約の書として、人びとにもたらします。イスラエルの民は、預言者の登場によって預言者と律法によって組織された信仰共同体へと、自らを整えるのです。

この信仰のあり方（イスラエルの民のユダヤ教信仰）が確立することが、出エジプト記の最大の読みどころだと言えるでしょう。

読む

2章〜4章

◉ 2章1節〜10節

レビ人の男女が結婚し、男子を生む。三カ月隠しておいたが、隠し切れなくなり、パピルスの箱に入れて、ナイル河に流した。姉が遠くで、その様子をみていた。ファラオの娘が水辺に来て、男の子をみつけ、ヘブライ人だとわかったが、王宮に連れて帰った。乳母に、男の子の母親を連れてきた。男の子をモーセと名付けた。
ファラオの娘が見つけて、養子にする、というのは、メソポタミア（アッシリアやバビロニア）の王によくある話である。

この部分は、モーセの物語の出発点として、大事です。
まず、レビ人とは、どんな人びとか。

パピルス籠のモーセ
（ジャック・クレメント・ワグレ 1894）

レビは、ヤコブの一二人の息子のひとりで、レビ族の祖先です。あとで約束の地に入ると、残りの部族は土地を分配されましたが、レビ族は祭司として奉仕するからと、土地を分配されませんでした。実際には、大祭司らの下で神殿の下働きに従事する人びとだったようなのですが、彼らは世襲の部族集団で、レビの子孫だと思っていたのです。

最大の預言者モーセが、レビ族の一員だとされたことには、意味があるはずです。そのことは、あとで考えましょう。

つぎに、この部分は、テキストが不自然に加工されているふしがあります。一般に、モーセ五書は、いくつものソースが組み合わさった、複雑なテキストからなるのですが、この部分は、もとの単純なストーリーが加筆・増広されて、いまのかたちになったといいます。この説をのべているR・E・フリードマンの分析を、掲げておきます。上の段が、現行のテキスト（赤本）、下の段が、加筆・増広される前のテキストです。

現行のテキスト

レビの家の一人の男が行って、レビ人の娘を娶った。

女は身ごもり、男の子を生んだ。彼女は息子がかわいいのを見て、三カ月の間隠しておいた。しかしもはやそれ以上隠しておけなかったので、息子のためにパピルスでできた箱を取り、アスファルトとタールを塗り、その

増広される前のテキスト

レビの家の一人の男が行って、レビ人の娘を娶った。

女は身ごもり、男の子を生んだ。彼女は息子がかわいいのを見て、三カ月の間隠しておいた。しかしもはやそれ以上隠しておけなかったので、息子のためにパピルスでできた箱を取り、アスファルトとタールを塗り、その

中にその男の子を入れ、ナイル河の岸の葦の中に置いた。彼の姉が、彼の身に何が起こるかを知ろうとして、遠くに立っていた。

　ファラオの娘が入浴するためナイル河におりてきた。彼女の侍女たちはナイル河の岸辺を行き来し続けていた。ファラオの娘は葦の間にあの箱を見つけ、仕え女をやって、取ってこさせた。

　ファラオの娘は開けて、男の子を見た。すると、その子が泣いている。ファラオの娘はその子がかわいそうになり、言った。「これは、ヘブライ人の男の子だわ。」男の子の姉がファラオの娘に言った、「行って、あなた様のために、ヘブライ人の女の中から乳母を呼んできましょうか。あなた様のためにこの子に乳を飲ませます。」ファラオの娘は彼女

中にその男の子を入れ、ナイル河の岸の葦の中に置いた。

　ファラオの娘が入浴するためナイル河におりてきた。彼女の侍女たちはナイル河の岸辺を行き来し続けていた。ファラオの娘は葦の間にあの箱を見つけ、仕え女をやって、取ってこさせた。

　ファラオの娘は開けて、男の子を見た。すると、その子が泣いている。ファラオの娘はその子がかわいそうになり、言った。「これは、ヘブライ人の男の子だわ。」

に言った、「お行き。」その女の子は行って、男の子の母親を呼んできた。ファラオの娘は彼女に言った、「この子を連れて行き、私のために彼に乳を飲ませておくれ、そうすれば、この私があなたに報酬を与えましょう。その女は男の子を引き取って、乳を飲ませた。男の子が大きくなったので、女は彼をファラオの娘のところに連れてきた。男の子はファラオの娘の養子となった。彼女は男の子をモーセと名付けた。そして言った、「水から、私はその子を引き揚げたのだから」と。

男の子はファラオの娘の養子となった。彼女は男の子をモーセと名付けた。そして言った、「水から、私はその子を引き揚げたのだから」と。

誰でも気がつくのは、生まれた男の子（モーセ）は、最初の子どものはずなのに、姉が登場することです。これを合理的に説明するには、下段のような話が先にあって、あとから上段のように増広された、と考えることです。

水から引き揚げた（メシーティ）が名前（モーシェ）と語呂合わせになっています。

赤子を籠に入れて河に流す話は、当時よくあるプロットだったようで、アッカドのサルゴン王にも似た話が伝えられているといいます。

◉ 2章11節〜15節

モーセは成人して、イスラエルの民のところへ行き、あるエジプト人が同胞を打ち殺しているのをみて、そのエジプト人を打ち殺し、砂に埋めた。事は露顕し、ファラオに追われたモーセは、ミディアンの地に逃れ、井戸の傍らにいた。

ミディアン人は、アラビア半島の北西部、アカバ湾沿いの地域にいて、ラクダを飼育していた。

◉ 2章16節〜22節

ミディアンの祭司に七人の娘がいて、水汲みにやってきた。羊飼いの男たちが邪魔をした。モーセは彼女らを救った。娘たちが父レウェルに報告すると、お連れしなさい、食事を差し上げよう、と言った。モーセは、この男と一緒に住むことにし、娘ツィポラを妻とし、男の子が生まれた。その子をゲルショムと名づけた。

井戸は、人の集まる場所なので、人待ちには最適のスポット。レウェルは、「神の友」という意味である。彼の名は、すぐ後ろでは、イェトロとされている。

◉ 2章23節～25節

それから時間が経って、ファラオが死んだ。イスラエルの民の苦しみの呻きが届いて、神は、アブラハム、イサク、ヤコブとの契約を思い出した。

◉ 3章1節～6節

モーセは、祭司イェトロの家畜の群れを導いて、神の山ホレブに来た。ヤハウェの使いが灌木の中から、炎に包まれて顕れた。「なぜ灌木は燃え尽きないのだろう。」神は呼びかけて言った。「モーセ、モーセ」。「はい、ここにおります」。「草履を脱げ、ここは聖なる大地だから。わたしは、アブラハムの神、イサクの神、ヤコブの神である」。モーセは、神を見ることを恐れ、顔を隠した。

ここは、神ヤハウェがモーセに顕れる、もっとも有名なくだりである。

モーセは、羊飼いの姿で、神の山とされるホレブ山に登って行った。神は、燃える灌木の中からモーセに呼びかけた。彼の先祖（アブラハム、イサク、ヤコブ）の神であると。そして、聖なる場所であるから、草履を脱げ、と命じた。モーセは、神と顔を合わさないように、顔を隠した。神を見た者は、命を失うと考えられていたのだ。

ホレブ山は、シナイ山とも呼ばれる。同じ場所だと思われる。

神が特定の場所（山の上）に、臨在する。どちらかと言えば、原始的な神の観念が、色濃く表れている箇所である。

燃える柴の前のモーセ
（ドメニコ・フェッティ 1615）

◉ 3章7節～14節

ヤハウェは言った、「民の苦しみの声を聞いた。彼らをエジプトから、約束の地に導き出す。カナン人、ヘト人、アモリ人、ペリジ人、ヒビ人、イェブス人のいる所へ。さあ行け、あなたをファラオのところに遣わす。」モーセは言った、「私が何者だというのでしょう。」ヤハウェは言った、「わたしがあなたと共にいる。これが、徴《しるし》である。あなたたちはこの山で、神に仕えるだろう。」モーセは言う、「彼らは、神の名は何か、と言うでしょう。何と言いましょうか。」神はモーセに言った、「わたしはなる、わたしがなるものに。彼らにこう言いなさい、『「わたしはなる」が私をあなたたちに遣わした』と。」

ここは、ヤハウェという名が明かされる、もっとも有名で重要な箇所である。

約束の地は、カナンの地、とよばれる。その場所には先住民の、カナン人、ヘト人、アモリ人、ペリジ人、ヒビ人、イェブス人がいた。これらの民族は、旧約聖書のあちこちの箇所で、イスラエルの民に敵対したり、ときには提携したりする。なお申命記7章1節などでは、ギルガシ人を加えて七つの民族の名をあげている。筆記者がギルガシ人を書きもらしたのかもしれない。

徴《しるし》とは、何か。いろいろに考えられるが、モーセがみた、火のついた茂みのことかもしれない。

そして神は、自らの本質を明らかにする。「わたしはなる、わたしがなるものに」。日本語の字面だけからはわからない、議論の奥行きが隠れている。

ここで、神は、イスラエルの民の苦しみの声を聞いたので、アブラハム、イサク、ヤコブとの契約を思い出し、モーセを選び出して、イスラエルの民を約束の地に導き出そうとします、その、重要な計画を彼に託そうとします。出エジプト記の、ハイライトのひとつです。

そこで焦点になるのが、神の名称です。モーセは尋ねます、人びとがあなたの名前を聞いたら、どう答えましょうか。それに対して、神は、ＹＨＷＨという名前を明かします。動詞で、三人称です。意味を訳すと、わかったようなわからないような、不思議な答え方に聞こえます。

３章14節の原文は、「エフイェ、アシェル、エフイェ」。関係詞を挟んで、同じ動詞が繰り返される構造で、古来、いろいろに理解されてきました。

＊

まず、さまざまな翻訳の訳し方を、みてみましょう。

欽定訳（ＫＪＶ）には、こうあります。

And God said unto Moses, I AM THAT I AM: and he said, Thus shalt thou say unto the children of Israel, I AM hath sent me unto you.

ＮＲＳＶ（New Revised Standard Version 新改訂標準訳聖書）には、こうあります。

God said to Moses, "I am who I am." He said further, "Thus you shall say to the Israelites, 'I am has sent me to you.'"

中国基督教協会・聖経（二〇〇三年）にはこうあります。

神対摩西説：〝我是自有永有的。〟又説：〝你要対以色列人這様説：´那自有的打発我到你們這里来。´〟

新共同訳は、こうです。

神はモーセに、「わたしはある。わたしはあるという者だ」と言われ、また、「イスラエルの人々にこう言うがよい。『わたしはある』という方がわたしをあなたたちに遣わされたのだと。」

聖書協会共同訳は、こうです。

神はモーセに言われた。「私はいる、という者である。」そして言われた。「このようにイスラエルの人々に言いなさい。『私はいる』という方が、私をあなたがたに遣わされたのだ、と。」

神は、名前ではなく、神のありさまを記述しているので、聞き手を煙に巻くような印象になります。それぞれの翻訳は、工夫をこらしています。ＫＪＶは、意味がよく通っていてよい訳です。

＊

神の名前について、考えてみましょう。

一神教は、神がただひとり（唯一絶対）と考えます。神のほかに、神はいない。神とみえるものは神でなく、偶像にすぎません。

そう考えると、一神教の神には、名前があってはいけません。

名前は、太郎とか花子とかのようなもの。固有名です。ただひとつしかないものを指すのに、名前（固有名）をつけるのですが、それは、よく似たものがほかにも存在するからです。太郎を太郎と呼ぶのは、ほかに、次郎や三郎や、花子や玉子がいるからです。複数あるもののひとつを、特定するのが、固有名です。

この原理によるなら、多神教の神々が、みな固有名をもっているのは当然です。ヒンドゥー教でも、神道でも、エジプトの宗教でも、多くの神々がいて、それぞれが名前（固有名）をもっています。固有名がなければ、どの神を指すのか、人びとが困ります。そもそも神自身が困るのです。

一神教はこの反対に、神のことは「神」と呼べばわかるので、名前（固有名）は必要ありません。いや、必要ない、を通り越して、むしろ名前があってはいけないのです。意地でも神を、名前で呼ばない。これが、一神教の、あるべき態度なのです。

『旧約聖書』の本文も、この原則に従って、多くの箇所で、神を神（el）と普通名詞で呼んでいます。

＊

それでは、ヤハウェという呼び方は、なんなのか。名前（固有名）ではないのか。

固有名ではありません。

まず、ヤハウェは、名詞ではなく、英語に強いて直すなら、being（存在する、生きている、永遠の）といった意味。名詞を修飾する、形容詞のようなものです。なので、名前（固有名）の枠に入りません。

『旧約聖書』では、神を神（エル）だけではなく、ヤハウェとも呼びます。この両方の呼び方を用いることを正当化するため、3章14節のエピソードが盛り込まれている、と考えられます。神がこの呼び方を、許可した、というわけです。

実際、神（エル）だけでは、なにがまずいのか。それは、私の考えですが、約束の地に先住民がいて、やはり神を信仰していたからです。普通名詞の神（エル）しかなければ、彼らの神も神と呼ぶしかない。実際、聖書のなかでは、異教の神も神（エル）と呼ばれています。これでは、異教の神と、ユダヤ教の神の、区別ができません。そこで、ユダヤ教の神だけを呼ぶ呼び方、ヤハウェが必要になったのではないか。

なんだ、固有名（名前）のようなものではないか、と思うかもしれません。しかし、一神教は、あくまでもヤハウェは、名前でない、という立場を崩しません。一神教の原則を崩すわけにはいかないからです。

◉ 3章15節～22節

神はモーセに、さらに言います。「イスラエルの子らに言いなさい。『先祖の神が、わたしを遣わした。』長老たちを集め、言いなさい。『あなたたちをエジプトの苦しみから導き上る。』そしてあなたと長老たちは、エジプトの王のもとに行き、言うのだ、『ヘブライ人の神ヤハウエが、私たちに出会った。荒野を三日路行かせてください。ヤハウェに犠牲を献げさせて下さい。』しかし、エジプトの王は、強い手が加わらなくては、あなたたちが立ち去るのを許さない。わたしは手を伸ばして、エジプト人を撃つ。その後初めて、エジプトの王があなたたちを去らせるだろう。あなたたちは立ち去るとき、手ぶらで立ち去ることはない。女はそれぞれ女性の隣人や同居人から銀と金の器物や上着を求め、娘たちに背負わせなさい。あなたたちはエジプト人から剥ぎ取ることができる。」

神の言うところは、四つである。まず、モーセは長老たちを集め、神の命令を伝えなさい。第二に、ファラオのところに行き、去らせてくれと言いなさい。第三に、聞き入れられないだろうが、ヤハウェがエジプト人を撃つので、ファラオは気が変わるだろう。そこで第四に、エジプト人から財貨を剥ぎ取って、立ち去りなさい。

ここまでの全体が、これから起こることの、預言になっている。

エジプト人から剥ぎ取っていいのか、悩ましいところではある。これまで散々、奴隷状態で差別され収奪されてきたのだから、これぐらいでちょうどよい、というのが、古代の感覚だったのかもしれない。

◉ 4章1節〜9節

モーセは言った、「もし人びとが、私を信用しなかったらどうしましょう。」ヤハウェは杖を投げろといい、投げると蛇になった。尻尾を掴むともとの杖になった。ヤハウェは手を懐に入れろと言った。入れて出してみると、ツァーラアトで雪のように白くなった。もう一度入れると、元に戻った。「もしどちらの徴も信じない場合は、ナイル河の水を取って、乾いたところに注ぐと血になるだろう。」

ツァーラアトは、穢れたものとみなされる皮膚疾患の総称、である。旧約聖書にはよく出てくる。

杖が蛇になり元に戻る、手が白くなり元に戻る、ナイル河の水が血になる、はどれも奇蹟である。奇蹟については、コラムで解説しよう［↓コラム、三九頁］。

◉ 4章10節〜17節

モーセは言った、「私は口も重く、舌も重いのです。」ヤハウェは言った、「行け、私が語るべきことをお前に教える。」モーセは、誰かほかの人にして下さい、と言った。ヤハウェは怒って言った、「レビ人の兄弟、アロンがいるではないか。お前が彼に語り、彼の口に言葉を置く。わたしはお前の口と彼の口と共にいる。彼はお前のために民に語る。そして彼はお前のために口となり、お前は彼にとって神となる。杖を取りなさい。徴を行なうのだ。」

なぜ、口下手なモーセを神が選んだのか、いろいろ解釈できる。モーセにとっては外国語だったのか、モーセは発音に障害があったのか、……。口下手なモーセを、口達者でなければできない任務に選んだのは、神が誰にでもどんな任務にもつけることができる、という意味かもしれない。

「レビ人の兄弟」とは、レビ人の同胞という意味で、実の兄弟とは言っていない。

モーセが口下手で、アロンは口が達者。この二人が、ペアになるように神が命じる。そして、アロンよりモーセが優位である。指導者とスポークスマンが分離するこの態勢が、どういう意味があるのか、興味ぶかい。

太平洋の西サモアという島には、首長（チーフ）のほかに、トーキング・チーフがいるので有名です。チーフやトーキング・チーフの地位にはそれぞれ、歌舞伎の名跡や大相撲の親方株のように名前がついていて、それを手に入れるのが大変です。そして、彼らの晴れ舞台は、親族集団と別な親族集団が贈答の儀礼をし、その式次第をつつがなく立派にやりおおせることなのですが、チーフとトーキング・チーフの役割分担が違うのです。出エジプト記のモーセとアロンの例は、そんな類例を連想させます。西側世界の、スポークスマンの制度も、出エジプト記が起点になっているのかもしれません。

◉ **4章18節〜23節**

モーセはイェトロのもとに戻り、エジプトに行かせて下さい、と乞うと、イェトロは同意した。モーセは妻と息子たちを連れ、エジプトに戻った。ヤハウェは言った、「奇蹟を起こしてみせても、私がファラオの心を固くするので、彼は去らせない。そこでファラオにこう言え、『ヤハウェがこう言った、イスラエルはわが長子である。去らせよ。しかしお前は去らせるのを拒んだ。みよ、私はお前の長子を殺害する』と。」

ヤハウェがファラオの心を固くしているのなら、全体の筋書きは、自作自演のシナリオのようである。

◉ **4章24節〜26節**

途中で野営していると、ヤハウェがモーセを襲い、殺そうとした。妻ツィポラは尖った石で、息子の包皮を切り取り、(息子ないし夫の)両足に触れて、「あなたは血の花婿です」、と言った。ヤハウェはモーセから身をひいた。

この部分は、ヤハウェがモーセを殺そうとした、という驚くべき内容が書かれている。

いろいろに解釈されてきたが、まったく不明である。ひとつの解釈は、モーセの殺人の罪が拭われていないので、割礼の血によって清められたというもの。フリードマンの別の解釈は、モーセがヤハウェに（エジプトに行かせる代わりに）殺してくれと頼んだ、というもの。妻の行為は、結婚の契約を夫に思い起こさせ、生きていくように覚悟を迫った、という意味になる。

◉ 4章27節〜31節

ヤハウェはアロンに、モーセに会いに荒野に行け、と言った。アロンは神の山で、モーセに会った。モーセはヤハウェの言葉と徴のことを告げた。モーセとアロンは、長老たちを集め、アロンは神の言葉を告げ、徴を示した。民は信じ、ひれ伏した。

コラム

奇蹟

奇蹟と、手品や魔術とを区別しなければなりません。

手品は、タネがあります。タネを知らなければ不思議にみえますが、実は不思議でもなんでもありません。当然のことが起こっているだけ。手品は、ひとのわざ、です。

魔術は、オカルトや超能力の世界です。ふつうのひとにはできませんが、特別な能力をもっているひとにはできます。霊や、魔物や、妖怪や、超自然的な力を使って、望むとおりの出来事を起こします。これから起こる出来事を、予知したり透視したりすることもあります。魔術は、霊のわざ、なのです。

奇蹟は、ひとのわざでも、霊のわざでも、ありません。神のわざです。人間の常識では理解できないこと、ありえないことが、神のわざで起こる。これが、奇蹟（miracle）です。

＊

さて、奇蹟は、一神教に特有の考え方です。どうしてかと言うと、一神教には、神はひとりしかいないので、この世界を完全に支配しているからです。

神は世界を造りました。宇宙や天体や、山や海や、自然を造りました。植物や動物や、人間を造りました。造ったので、自然は神のものです。神は造ったあとでも、自然を支配しています。自然はモノとして、自然法則に従っていますが、自然法則は神の定めた、神の命令なのです。この世界で起こることは、神の命令で起きているのです。

自然法則は、繰り返し起きるので、観察していると人間にも予測がつきます。自然法則の通りに自然現象が起こるのが、当たり前だと思うようになります。そこで、自然法則の通りでない出来事が起こると、ありえない、信じられない、理解できない、と思います。

＊

では、自然法則を神が定めたのなら、神の意思と、自然法則と、どちらが上なのか。神は、自然法則を一時停止して、自分の意思を優先させようと思った。神は、神の意思どおりのことを起こせるのか。起こせるのです。それはいつでも可能です。神はいつでも、この世界を支配しているのですから。自然法則が絶対であれば、神が自然を支配していないことになるではありませんか。

自然法則がこの世界を支配していると考えることと、神が奇蹟を起こすと考えることとは、両立するのです。同じ考えの、裏表です。だから、奇蹟を信じるキリスト教の信仰をもつ人びとから、自然科学者が出てくるのです。

それなら、神はなぜ、奇蹟を起こすのか。それは、この自然を神が支配していることを、示すためです。神の権威を、顕すためです。人びとがそれによって、神の支配を、思い知るためです。

＊

モーセが預言者として、人びとのもとに遣わされました。人びとがそのことを、信じるかどうかという問題があります。モーセは神と会っていますが、人びとは神と会っていないのですから。そこで神は、モーセのために、奇蹟を起こします。奇蹟は、モーセが起こしているようにみえますが、実際には、神が起こしているのです。

モーセはまた、ファラオのもとに遣わされました。モーセが神の遣いかどうか、当然、まず問題になります。そこで、神はモーセに奇蹟を起こさせます。神の、徴です。それでもファラオが信じなければ、今度は禍いをひき起こすことになります。これもまた、神の奇蹟です。

奇蹟は、まず人びとの前で、そして、ファラオの前で、起こっています。その順番に、注意しましょう。

＊

奇蹟は、神が世界を支配している、と考えることです。神が世界をほんとうに、隅々まで支配しているのなら、神に反対する神々や、魔物や、よくない霊がいるはずがありません。そうした霊のたぐいを用いた、魔術も存在するはずがありません。魔術は、偽物です。よって、一神教の信仰が徹底している場合には、魔術は認められず、魔術は禁止になります。社会学者のマックス・ウェーバーは、これを、脱魔術化とよびました。そしてそれが、合理主義の徹底であり、近代化の前提になる、と考えました。

3 ファラオとの交渉

……5章～7章7節

出エジプト記前半のポイントは、ファラオと預言者モーセの対決です。

ファラオは、最強の帝国の支配者で、権力（財力と軍事力）をもっています。いっぽうの預言者は、何ももっていません。ただ、神に選ばれ、神の権威に従っているだけです。この対決の、ゆくえやいかに。両者のやりとり、ぎりぎりの駆け引きが見どころです。

＊

モーセは、イスラエルの民が外国人として苦しい労働をさせられているエジプトで、エジプトの政治権力者と対決しました。それに対して、多くの預言者は、自分の国で、自分たちを支配する権力者と、対決します。そして人びとに訴えます。世俗の権力者でなく、神にこそ、従うべきではないのか、と。

政治権力者にとっては、こんな預言者は目障りです。消えてなくなれ、ひねりつぶしてやろうか、と思っています。そうしないのは、民衆が、神と預言者を信じていることを、計算に入れなければならないからです。イエスは預言者ではありませんでしたが、同じように、政治権力と対決しました。一神教にとって、神と預言者と政治権力者の関係は、永遠のテーマなのです。

読む

5章～7章7節

◉ 5章1節～5節

モーセとアロンはファラオに言った、「ヤハウェの命令なので、イスラエルの民を、荒野で巡礼祭を祝うよう去らせて下さい。」ファラオは言った、「ヤハウェなど知らない、去らせもしない。」モーセとアロンは言った、「去らせないと、疫病か剣が襲うでしょう。」ファラオは言った、「なぜ仕事をさぼらせようとするのか。民は人数が多いのだ。」

最初の交渉である。巡礼祭にかこつけて、荒野への脱出をはかろうとした。ファラオはそれを、サボタージュであるとみなし、認めない。

◉ 5章6節〜19節

ファラオはすぐ、民の監督たちに命じて、煉瓦に加える藁をこれからは民が自分たちで集めるようにした。完成させる煉瓦の量は同じで、仕事はきつくなった。民は、藁を集めるために、各地に散らばって行った。イスラエルの民の上に置かれた監視人たちは打たれた。藁を集めるのに煉瓦の量は変わらないので、監視人は苦境に陥った。

煉瓦に藁を入れること、藁は収穫後に残ったものが与えられていたのが、自分で農地から集めることになったこと、監督－監視人－民、の階層になっていたこと、がわかる。

◉ 5章20節〜6章1節

監視人たちは、モーセとアロンに、「ファラオはその僕たちに、私たちを殺害するための剣を与えた」と言った。モーセはヤハウェに言った、「なぜ民をひどく扱うのですか。なぜ私を遣わされたのですか。あなたは民を救わなかった。」ヤハウェは言った、「これからわたしがすることを見なさい。」

監視人は、板挟みになって苦労しているさまがわかる。

預言者は、神に言われた通りに行動するが、結果が思わしくなければ、神に文句を言うことができる。

◉ 6章2節〜9節

神はモーセに言った、「わたしは、アブラハム、イサク、ヤコブにはエル・シャッダイとして顕れ、わたしの名ヤハウェを知らせなかった。寄留の地を彼らに与えると契約を結び、エジプトの民の呻き声を聞き契約を想い出した。わたしはあなたがたを救い出す。あなたがたはわたしの民となり、わたしはあなたがたの神となる。」モーセは、民にそのように語ったが、民は重労働のゆえに、聞き入れなかった。

シャッダイは、強い者、主、乳房、高い者、(稲妻を)投げる者、などの意味というが、はっきりしない。(口語訳、新共同訳、協会共同訳は全能(の神)と訳す。)神はここで、名ヤハウェを知らせなかったと言っているが、創世記13章4節、15章2節、22章14節、26章22節、28章13節などで、ヤハウェと名前を知られている。この矛盾は、複数のテキストを撚り合わせて編集したせいかもしれない。

「わたしはあなたがたの神であり、あなたがたはわたしの民である」は、神との契約の決まり文句である。

◉ 6章10節〜13節

ヤハウェはモーセに言った、「ファラオのところに行って、民を去らせるように言え。」モーセは言った、「イスラエルの子らが聞かないのに、どうしてファラオが聞くでしょう。私は口下手なのです」。ヤハウェは、モーセとアロンに命令した。

モーセはヤハウェに、不服をのべている。

◉ 6章14節〜25節

アロンとモーセの系譜が掲げられている。

ヤコブ(イスラエル)の子に、ルベン、シメオン、レビがいる。(ほかにもいるが、省略してある。)レビの息子はゲハトで、その息子はアムラム。その息子はアロンとモーセである。

アロンの息子はナダブ、アビフ、エルアザル、イタマルで、アルアザルの息子はピネハスである。

出エジプト記の2章で、最初の子であったはずのモーセに、姉のミリアムがいたことになるが、この系図では、モーセの兄がアロンであることになっている。なにかの理由によって最初の伝承が脚色された、と考えるべきかもしれない。アロンとモーセが実の兄弟なのかは、いまも議論が続いている。

◉ 6章26節〜30節

ヤハウェが、イスラエルの子らを導き出すように語ったのは、アロンとモーセに対してである。以下、さきほどのやりとりが繰り返されている。

ここでは、順番が、アロンとモーセになっている。系図を紹介したので、その順に従ったのであろう。ほかの箇所では、モーセとアロン、の順である。

◉ 7章1節〜7節

ヤハウェはモーセに言った、「あなたの兄アロンが、あなたの預言者となる。あなたは、わたしがあなたに命じるすべてを語り、アロンはそれをファラオに語る。わたしがファラオの心を固くし、わたしの徴と奇蹟を、エジプトの地で増やす。ファラオは聞かない。そこでわたしは、イスラエルの子らを、大きな審きをもって導き出す。エジプト人たちは、わたしがヤハウェであることを知るようになる。」モーセとアロンは、命じられた通りに行なった。モーセは八〇歳、アロンは八二歳だった。

モーセ五書が、ヤハウィスト（J）、エロヒスト（E）、申命記文書（D）、祭司文書（P）の四つの資料を編集して成立したと考える四資料仮説では、この部分は全体が、最も新しい祭司文書（P）だという。ヤハウェはもういちどエジプト脱出の契約を確認している。

4 奇蹟と災禍

……7章8節～11章

ここからは、ファラオとモーセの根くらべです。ファラオが頑なで、モーセの要求を聞かないので、ヤハウェはつぎつぎに災禍を繰り出します。それらを列挙してみれば、

・水が血になる奇蹟
・蛙の奇蹟
・ぶよの奇蹟
・あぶの奇蹟
・疫病の奇蹟
・腫れ物の奇蹟

・雹の奇蹟
・蝗の奇蹟
・暗闇の奇蹟
・初子の災禍の奇蹟

の順に、ぜんぶで一〇の奇蹟があります。はじめのうち、ファラオの王宮の魔術師たちも対抗しますが、そのうち、出番がなくなります。最後はファラオも折れて、イスラエルの民を去らせることに同意します。

読む

7章8節～8章28節

◉ 7章8節～13節

ヤハウェはモーセとアロンに、ファラオが奇蹟をみせろと言ったら、アロンの杖を投げ、蛇になると言え、と言った。二人はその通りにした。ファラオも賢者、呪術師を呼んだ。エジプトの魔術師も、同じようにした。するとアロンの杖が、彼らの杖を呑み込んでしまった。しかしファラオの心は固かった。

ファラオの魔術師が、同じように杖を蛇に変えるのは、予想外の展開。ヤハウェの奇蹟が、魔術と同列であるともみえる。アロンの杖の蛇が、相手の杖を呑み込んだので、勝負がついたようにみえるが、同列の競い合いであることに違いはない。一神教にとって、これは少しまずいことではないか。

◉ 7章14節〜25節

ヤハウェはモーセに言った。明朝、ファラオのもとに行きなさい。水辺に出てくるので、例の杖をとり、言いなさい。杖で河の水を打つと、水が血に変化し、魚は死に、河は臭くなり、飲めなくなる。ヤハウェはモーセに、アロンに言って、杖をエジプトの諸々の水に差し伸べさせなさい。すべてが血になる。木々にも石にも血が生じる。二人がヤハウェの言った通りにすると、その通りになった。エジプトの魔術師たちも同じように行なうと、同じようになった。ファラオの心は固く、自分の家に入った。ナイル河の水が飲めないので、人びとは河のまわりを掘った。それから七日が経った。

杖を蛇に変えたときと同様、ファラオの魔術師は対抗して、同じわざを行なっている。ここは勝負なしで、奇蹟と魔術が同列に並んでいるようにみえる。

◉ 7章26節〜8章11節

ヤハウェはモーセに言った、ファラオに言いなさい。ファラオがなおも拒み続けるなら、蛙がエジプト全土に増え、寝室に入りこみ、竈の中にも入りこむ。ヤハウェはモーセに言った、アロンに言いなさい。杖を持つ手を伸ばし、川という川から、エジプトの陸地に蛙を上がらせよ。すると蛙が上がってきた。魔術師たちも同じように行ない、蛙が上がってきた。

ファラオは、モーセとアロンを呼んで、ヤハウェに祈願してくれ、そうすれば民を去らせるから、と言った。モーセがいつかと聞くと、ファラオは明日だと答えた。モーセは、蛙はいなくなると約束し、ヤハウェに叫んだ。蛙は死んで、臭くなった。ファラオは事情が好転したのをみて、心を頑なにした。

魔術師も、蛙が川から上がってくる魔術を同様に行なっている。今回はヤハウェが、モーセとアロンを呼んで、なんとかしてくれと依頼している。

◉ 8章12節〜15節

ヤハウェはモーセに言った、アロンに言いなさい。杖を伸ばし、地の塵を打ちなさい。ぶよになるように。その通りに行なうと、エジプト全土でぶよが生じ、人間と動物についた。魔術師も同じようにしようとしたが、できなかった。魔術師はファラオに、これは神の指だと言ったが、ファラオの心は頑なだった（「神の指」とは、神の力によるもの、ということ）。

今回は、魔術師は同じことができなかった、と書いてある。

◉ 8章16節〜28節

ヤハウェはモーセに言った、早朝、水辺に出てくるファラオに言いなさい、民を去らせないなら、あぶを送りこむ。エジプトはあぶで満ちる。ただし民が留まっているゴシェンの地は別である。明日この徴が起こるだろう。

ヤハウェは、言った通りに行なった。ファラオはモーセとアロンを呼んで、国中でお前たちの神に犠牲を献げるように、言った。モーセは、エジプトで彼らの忌み嫌うものを献げることはできない、荒野に三日路行って献げるのだ、と言った。ファラオは、荒野で献げるように、あまり遠くでなしに、と言った。モーセは、ファラオのもとから出て、ヤハウェに祈願した。

翌日、あぶは消えた。しかしファラオは心を頑なにし、民を去らせなかった。

今回は、エジプトで犠牲を献げるのか、荒野で献げるのかが、論争になっている。エジプトでは羊や牛をまるごと犠牲に献げる習慣がないので、彼らが「忌み嫌う」のではないか、と言っているのであろう。
ファラオの魔術師は、まったく登場しない。

読む

9章〜10章

災禍の後半は、疫病から始まります。これでもか、これでもかというほど、災難がエジプトを襲います。エジプトの人びとになんの罪があるのだろう、と思ってしまいます。

ここで強調されているのは、「神ヤハウェには、どんな災難や自然現象でも起こす能力がある」です。神は全能で、偉大です。そのことがわからないファラオ（政治指導者）は、心が頑なです。だからまた、災難が襲うのです。エジプトの民は、そんな政治指導者がいるおかげで災禍を甘受しなければならないのです。政治指導者と人民が連帯責任を負わされているかのようで、ナショナリズムを連想させます。

出エジプト記を書いた人びとは、この点を、あまり気にしていないようにみえます。けれどもよく考えてみると、全知全能の神ヤハウェを信仰するユダヤ教には、矛盾があります。いっぽうで神ヤハウェは、宇宙と世界をつくり、自然をつくり、人間を造って、人類の主人です。エジプトの民も、神が造った人間のはずです。そのいっぽうで神ヤハウェは、イスラエルの民を選び、ユダヤ民族の神になりました。なぜ神ヤハウェが、イスラエルの民を選んだのか、説明がありません。イスラエルの民のために、なぜエジプトの人びとが犠牲にならなければならないのか、説明がありません。普遍性と特殊性と、両方が結びついているのが、神ヤハウェです。

この矛盾が解消されるのは、イエス・キリストが登場してからです。イエスは、神の分身でありながら、ユダヤ民族だけでなく人類すべてのために、自らが犠牲となって災厄を被り、人類と神との関係を正しくしようとします。イスラム教の神アッラーも、この延長で、人類と神との関係を正しくしようとします。どちらも、普遍性の側に立ちます。

出エジプト記の災難は、こうした意味で、キリスト教の登場を用意する背景になっていると言えないこともないのです。

◉ 9章1節〜7節

ヤハウェはモーセに言った、ファラオに言え、もしまだ民を去らせないのなら、野にいる家畜、馬、ろば、らくだ、牛の群れが、重い疫病にかかる。ヤハウェは、イスラエルの家畜とエジプトの家畜を区別する。明日、ヤハウェがこのことを行なう、と。翌日、エジプト人の家畜は死んだが、イスラエルの家畜は一頭も死ななかった。しかしファラオの心は頑なだった。
警告に対する、ファラオの反応は書かれていない。また、魔術師も登場しない。疫病が始まるとファラオは人をやって、イスラエルの家畜が無事であることを確かめている。

◉ 9章8節〜12節

ヤハウェは、モーセとアロンに言った。両手にいっぱい炉の煤を取り、モーセがそれをファラオの前で天に撒け。それは、人間と動物について、腫れ物になる。彼らはその通りにした。すると、腫れ物が生じた。魔術師たちは腫れ物のために、モーセの前に立っていることができなかった。だがファラオの心は頑なままだった。
今回、ヤハウェは、モーセとアロンの二人に語りかける。ファラオに対する警告はなしで、ファラオの面前で、いきなり実行している。テロ行為のようである。魔術師たちは、腫れ物が生じて無能な姿で登場する。

◉ 9章13節〜35節

ヤハウェはモーセに言った、朝早く、ファラオに言いなさい、民を去らせよ。さもないと、明日のいまごろ、激しい雹を降らせる。人間と家畜を屋内の安全なところに移せ。ファラオの僕たちには、移したものもそのままにしたものもいた。ヤハウェはモーセに言った。手を天に伸ばし、エジプト全土に雹があれ。激しい雹が降った。ゴシェンの地だけは、雹が生じなかった。ファラオは人を遣わし、モーセとアロンに言った、私は罪を犯した、ヤハウェに祈願してくれ、お前たちを去らせよう。モーセは言った、私が両手をヤハウェに向かって広げると、雹はやむ。しかしあなたは、ヤハウェをまだ畏れていない。亜麻と大麦は穂と花を打たれ、小麦と裸麦は打たれなかった。モーセが手を広げると雹はやんだ。ファラオは雹がやむと心を頑なにし、民を去らせなかった。

第6(腫れ物)の災禍

(トッゲンブルク聖書の細密画より 1411)

雹の災禍は、長めに記述されている。研究者によると、14節~16節は加筆部分だともいう。イスラエルの民のいるゴシェンの地には、雹が降らない。奥手の小麦と裸麦は打たれなかったとあるから、雹は小粒だともとれる。屋内に避難しなかった人間や動物の被害がどれほどだったか、書いていない。ファラオは罪を反省して、民を去らせると言うが、口だけである。

◉ 10章1節〜20節

ヤハウェはモーセに言った、ファラオのもとに行け。モーセとアロンは行って告げた、民を去らせよ。拒み続けるなら明日、蝗を導き入れよう。それは、雹を免れた残りを食べつくす。ファラオの僕たちは言った、あの者たちを去らせてください。ファラオは言った、行って、ヤハウェに仕えよ。行くのは誰か。モーセは言った、若い者と年老いた者、息子たちと娘たち、小家畜の群れと牛の群れ。ファラオは言った、やはり男たちだけで行け。ヤハウェはモーセに言った、手を伸ばせ、蝗が押し寄せる。手を伸ばすと、ヤハウェは昼も夜も東風を吹かせた。蝗が押し寄せ、地が黒くなった。全土で、緑はひとつも残らなかった。ファラオはモーセとアロンを呼んで言った、私は罪を犯した。ヤハウェに祈願してくれ。モーセはファラオのもとから出て、祈願した。西風に変わり、蝗を葦の海に沈めた。ヤハウェがファラオの心を頑なにしたので、彼は民を去らせなかった。

四資料仮説では、全文がヤハウィストの文書（J）だという。12節〜13節第一文と20節は加筆部分だという。ファラオの僕が進言してファラオは民を去らせることを考えるが、モーセとの交渉で、条件が折り合わなかった。蝗の襲来は、風向きを含め、具体的に描かれている。

◉ 10章21節〜29節

ヤハウェはモーセに言った、手を伸ばせ、闇が生じる。モーセが手を伸ばすと、三日間、エジプト全土が真っ暗闇になった。イスラエルの民の住んでいるところには、光があった。ファラオはモーセを呼んで言った、行ってヤハウェに仕えよ。女、子供も行ってよいが、家畜は残すように。モーセは言った、犠牲を献げるため、家畜も行かなければなりません。ヤハウェがファラオの心を固くしたので、民を去らせなかった。ファラオは言った、立ち去れ、二度と現れるな、さもないと死なねばならぬ。モーセは言った、二度とあなたの顔を見ません。

三日間、とあるのは、日蝕ではない、という意味である。日蝕は三日間も続かない。

21節〜23節は、編集者の加筆だという。災禍の数を、一〇に揃えるためである。巡礼祭に行く者の条件は緩められたが、まだ条件が折り合わなかった。ファラオは、もう二度とモーセと合わないと宣言した。

やりとりをみていると、まるで非核化をめぐる米朝交渉のようである。

読む

11章

◉ 11章1節〜10章

ヤハウェはモーセに言った、もう一撃を与えて、そのあとあなたたちを去らせる。民に語りなさい、男は隣りの男から、女は隣りの女から、銀と金の器物を求めるように。モーセは言った、今晩、ヤハウェがエジプトの中を通り抜ける。するとすべての長子が死ぬ。ファラオの長子も、奴隷の長子も。家畜の初子も。しかしイスラエルの子らは、無事である。すると、あなたの僕たちは、ひれ伏して、どうか出て行ってください、と言うだろう。モーセは、ファラオのもとから怒りに燃えて出て行った。モーセとアロンは、彼らの奇蹟をファラオの前で行なった。しかし、ヤハウェがファラオの心を固くしたので、彼は民を去らせなかった。

長子が死ぬ災難が予告された。民が去るとき、金目のものを持ち去ることも予告された。ファラオの反応も、魔術師たちの反応も、記されていない。

ファラオは、12章にあるように、イスラエルの民に立ち去ってくれと懇願しているので、彼らは家畜の群れも連れて、大急ぎでエジプトの地を去ることになります。それを覚えるのが、過越しの祭りです。

このあと、過越しについての記述が続きます。

5 過越し

12章〜13章16節

ここでは、過越しの祭りの規定が、くわしくのべてあります。

過越し（passover）は、日本では馴染みがないかもしれませんが、ユダヤ教の大事な祭日です。神ヤハウェの導きで、イスラエルの民がエジプトから脱出したことを覚えて、過越しの祭りを祝います。記念の食事（セイダ）をとり、パン種の入っていないパンを食べます。

＊

過越しは、キリスト教の、復活祭（イースター）と密接な関係かあります。

イエスは、過越しの祭りの準備で賑わうエルサレムに入って、教えをのべ、当局の不興をかいます。逮捕が迫った晩に、最後の晩餐を弟子たちと共にとり、深夜に祈り、そのあと逮捕されます。そして、裁判で死刑の宣告をうけ、あすから過越しの祭りという金曜日の朝に、笞打たれ、ゴルゴダの丘で十字架につけられます。その日の午後三時ごろ息絶えますが、それは、過越しの食卓にのぼる羊が、ほふられる時刻でした。

イエスの亡骸はすぐ墓穴に葬られ、安息日の土曜日を挟んで、三日目の日曜日に女たちが墓に出向いてみると、入り口の石の蓋がどけられ、なかは空っぽでした。イエスは復活した、と信じられました。過越しの前日に亡くなり、三日目の日曜日に復活したのです。そこでイースターの日曜日は、過越しの日の翌日にあたることになります。

＊

過越しの日（よって、イースターの日）がいつになるのかは、暦のうえで一定しておらず、毎年変わります。それは、ユダヤ暦が太陰暦で、太陽暦とずれているうえ、閏月をはさむからです。

イースターは、「春分の日のあとの最初の満月のつぎの日曜日」になることになっています。これは、ユダヤ暦の算法をなぞるものですが、ローマ教会と、ユリウス暦を用いる東方教会では、別の日にずれる場合もあります。実際問題として、イースターの前日が過越し、とは限らなくなります。

読む

12章

◉ 12章1節〜13節

ヤハウェは、モーセとアロンに言った。この月は、正月である。イスラエルの全会衆に言いなさい。この月十日に、家族ごとに一匹の小家畜を用意しなさい。人数の小さい家は隣りの家と一緒でもよい。完全体の、雄の、一歳の小家畜であること。羊でも山羊でもよい。それを十四日まで取っておいて、会衆の全集会が、それを黄昏時に屠る。彼らは血を二本の柱と鴨居に塗る。肉を火で炙って、その夜に食べる。苦菜を添えた種入れぬパンと一緒に。肉は、生でも茹でてもだめで、頭が足や内臓とつながったまま炙ること。翌日まで食べ残してはだめで、残ったら焼き捨てなさい。食べるときは、腰に帯を巻き、草履を履き、杖を手に持って、あわただしく食べなさい。わたしはその夜、エジプトを行きめぐり、人間も家畜も、すべての長子を殺す。エジプトのすべての神々に審きを行なう。血はあなたたちの家の徴となる。わたしは血をみて、あなたたちの所を通り越す。

正月は、一年の最初の月（古代の言い方はアビブ、現代の言い方はニサン）。正月はかつては秋だったらしいが、メソポタミアの暦に合わせて、春に改められたという。羊か山羊を選び、十四日に屠って、食事を用意する。パン種を入れないパンと、炙った肉。それを「あわただしく」食べるのである。

過越しの食事の規定は、ヤハウェがこのとき、モーセに伝えたことになっている。実際はその反対に、もともとエジプトからの脱出の伝承と過越しの食事の習慣があったのを、出エジプト記に書き込んで根拠づけたものであろう。

◉12章14節〜20節

この日を永遠に、ヤハウェのための巡礼祭として祝いなさい。七日間、種入れぬパンを食べなさい。最初の日に、パン種を家からなくしなさい。第一日にも、第七日にも聖なる集会をしなさい。この両日は、どんな仕事も休みなさい。ただし食べるものをつくるのはよい。正月の十四日の夕方に、種入れぬパンを食べ、二十一日の夕方までそうしなさい。寄留者でも誰でも、発酵したものを食べてはならない。

発酵したものを食べると、イスラエルの会衆から絶たれる、とある。人びとの団体としての結束を保つ作用が、過越しの祭りには期待されている。

第10の災禍・ファラオの長子の死
（ローレンス・アルマ＝タデマ 1872）

◉ **12章14節〜28節**

このことを、約束の地に入っても、永遠に守りなさい。あなたの息子たちが、この儀式はいったい何のためですか、と尋ねたら、これはヤハウェのための過越しの供犠である、ヤハウェはエジプトで、イスラエルの子らの家を通り越し、救われたのだ、と。すると人びとは身をかがめてひれ伏し、命じられた通りに行なった。

過越しの祭りは、出エジプトが成功し、約束の地に人びとが入ったあとに、継続するところに価値がある、と定められている。

◉ **12章29節〜35節**

真夜中にヤハウェは、エジプトで、すべての長子を打ち殺した。ファラオの長子も、牢屋の捕虜の長子も、家畜の初子も。すべてのエジプト人は、夜中に起き上がった。叫びが生じた。死者の出ない家はなかった。ファラオは、モーセとアロンを夜中に呼んで、民は立ち去ってくれ、小家畜の群れも牛の群れも連れて、と言った。そして、私にも祝福を求めてくれ、と言った。民は、自分たちのこねた粉を、それが発酵する前だったので、こね鉢ごと上着にくるんで肩にかついだ。

あわててエジプトを出発することになったことが、過越しの祭りの種入れぬパンの起源だと説明される。

◉ 12章25節～26節

イスラエルの子らは、エジプト人から銀と金の器物と上着を求めた。ヤハウェはこの民をエジプト人の気に入らせ、エジプト人は求めに応じた。彼らはエジプト人から奪い取った。

平和的に金銀をわけ与えられたのか、奪い取ったのか、どちらとも取れることが書かれている。実際には、奪い取るほかないであろう。法律的にも道徳的にも、疑問の余地がある。

それまでの土地を離れ、未知の場所に移動する場合、金銀など運びやすく価値の高いものは、持参すると便利である。ユダヤ民族は、その可能性がいつもあったので、貴金属に対する投資が習慣となった。歴史上、ヨーロッパで起こったことは、皮肉にもエジプトと反対に、住民がユダヤ人の集落を襲撃し略奪し、逐われたユダヤ人が見知らぬ地に落ち延びることであった。

◉12章37節〜42節

イスラエルの子らは、ラメセスからスコトに向けて出発した。男子だけで六〇万人であった。多くの雑多な民も、一緒だった。小家畜と牛の群れも、数が多かった。人びとはこね粉を焼いて、種入れぬパンとした。イスラエルの子らがエジプトに滞在したのは、四三〇年。ちょうどその日に、ヤハウェの軍勢はエジプトから出て行った。ヤハウェは寝ずの番をして、導き出した。人びとはこんどは、ヤハウェのために寝ずの番をする。

ヨセフがエジプトに入ってから、四三〇年のちに、出エジプトが起こった、と書いてある。さきに掲げられたアロンの系図は、ヤコブから四代で、つじつまが合わない。系図は途中が省略されている、と考えるしかない。

一行には、多くの「雑多な民」が、一緒だったと書いてあります。実際には、エジプトから逃れた人びとがイスラエルの民に加わったのが事実であったとしても、それは雑多な民だったので、人数も少なく、その集団はイスラエルの民のごく一部を構成したにすぎないのではないでしょうか。しかし、エジプトで奴隷状態にあって脱出してきた、という伝承が人びとの全体に、共有されたのではないでしょうか。

読む

13章1節～16節

◉13章1節～10節

ヤハウェは、モーセに言った。わたしのために長子を聖別しなさい、人間も家畜も。それはわたしのものである。

モーセは、民に言った。あなたが奴隷の家、エジプトから出たその日を覚えなさい。発酵したものは食べてはならない。ヤハウェが与えると約束した、カナン人、ヘト人、アモリ人、ヒビ人、イェブス人の地に入るとき、アビブの月にこの儀式を行ないなさい。七日間、種入れぬパンを食べ、七日目にヤハウェのための巡礼祭がある。パン種があなたたちのもとで、見られてはならない。その日に、息子に言いなさい、エジプトから出るとき、ヤハウェがこれを行なわれた、と。それはあなたの手の上で徴となり、あなたの両目の間で覚えとなる。ヤハウェの律法があなたの口にあるためである。あなたはこの掟を、毎年決まったときに守りなさい。

ヤハウェがモーセに語り、モーセが人びとに語った。過越しの祭りの、掟である。

アビブの月とあるのは、いまのニサンの月、年の始めの月である。

ヤハウェの律法が「あなたの手の上で徴となり、あなたの両目の間で覚えとなる」とある箇所（13章9節）は、ユダヤ教徒の祈りの際の正装に取り入れられています。律法の言葉を刻んだ紙片を、黒い小さな箱に収め、ひとつは皮ひもで左手に結び、もうひとつは同じくひもで額のあたりにゆわえつけます。左手にある律法の言葉は、ちょうど心臓のうえに当てることができます。


モーセの律法の記述は、法律のように受け取って、実行するのです。

伝統衣裳を身にまとうユダヤ人男性
（19世紀後半撮影）

◉ **13章11節～16節**

モーセが民に言う言葉の続き。

ヤハウェがカナンの地をあなたに与えるとき、胎を開くものをすべてヤハウェに献げなさい。それはヤハウェのものである。ろばには、一匹の小家畜を身代わりに立てなさい。身代わりを立てないなら、その頸を折りなさい。あなたの息子たちのうち、人間の長子すべてには、身代わりを立てなさい。息子が尋ねたら、以上のように説明しなさい。これはあなたの手の上で徴となり、あなたの両目のあいだに下げられたものとなる。なぜなら、強い手によって、ヤハウェが私たちをエジプトから導き出したからである。

何匹も家畜の子が生まれた場合は、最初に生まれたものを献げる。ろばは、犠牲として献げることができない動物なので、身代わりを立てる。人間の長子にも、身代わりを立てるのである。

こうして、イスラエルの人びとは、モーセ、アロンに率いられて、エジプトを後にします。めざすのは、まだ見ぬ約束の地、カナンの地です。途中には、砂漠と苦難が待ち受けているのでした。

6 海の奇蹟

……13章17節～15章21節

イスラエルの民は、モーセ、アロンの活躍と神ヤハウェの導きによって、エジプトを脱出することになりました。

エジプトにいた期間は、四三〇年。人数は、男性だけで六〇万人、とあります。

もし、この通りだとしたら、歴史上まれに見る、大事件です。

＊

この出エジプトの出来事は、ユダヤ教、キリスト教を信じる人びとに、深い印象を残しました。そして、さまざまな出エジプト記の読解が試みられてきました。

まず、人びとが関心をもったのは、そのルートです。

出エジプト記には、いくつか具体的な地名が出てきます。出発地点がラムセス、到着地点が約束の地カナン（ヨルダン河）、なのははっきりしています。でも途中が、どこをどう通ったのか、これからのべる海の奇蹟の場所もどこなのか、はっきりしません。そこで古来、いろいろな説が唱えられてきました。聖書の関連本をみると、北ルート、南ルートなど、行程が曲線でそれらしく示されています。

また、出エジプト記の記述を信じるなら、イスラエルの民は、まっすぐ約束の地に入ったのではなく、荒野に四〇年もとどまっていたことになります。その場合には、どこに拠点を定めていたのか。水や食糧や、基本物資はどうやって入手していたのか。疑問になります。それらの点についても、いろいろ合理的な説明が考えられています。

＊

けれども、もっと根本的なのは、そもそも出エジプトは、実際の歴史的な出来事なのだろうか、という疑問です。もしも、そもそも歴史的な出来事でないのなら、ルートを考えたり、途中の人びとの生活を考えたりするのは、まるきり無駄ということになります。

「出エジプトはなかった」説の、根拠になるのは、エジプト側に一切、その記録がないことです。

当時のエジプトの人口からしても、六〇万人のイスラエルの民（女性や子供を含めればおそらくその二倍）がエジプトを脱出したのであれば、そしてファラオがそれを追跡したりしたのであれば、大事件であって、公式記録が残っていてもおかしくない。そう考えた専門家が必死に探しても、それらしい記録が一切みつかっていないのです。

記録がなければ、そういう事実があったかどうか疑わしい、ことになります。そこで、学者のなかには、出エジプトを、出エジプト記のなかで描かれているだけのフィクション、と考えるひとも多いのです。

＊

とは言え、出エジプト記が長く読み継がれ、信仰の柱となってきたことも事実です。人びとは、そこに書いてあることを、事実として読み、受け取り、多くの含意を引き出してきました。そのような生きたテキストとして、出エジプト記を読まなければ、聖書を読んだことにはならないのです。

＊

そこで、もうひとつ気になるのは、神ヤハウェが人びとの呻きと祈りに応えて、モーセを派遣するまでの時間です。

四三〇年かかっています。

これは十分に長い時間です。エジプトで生まれ、奴隷のような状態で酷使され、運命を呪い神に叫びながらも、報われないまま一生を終えた人びとが、多くいたのです。いったい神は、何をしていたのでしょう。

ヤコブの一二人の兄弟のひとり、ヨセフが隊商に売られ、奴隷としてエジプトにたどり着き、苦労して宮廷で地位をうるまでのヨセフの物語は、神の計画が隠れたテーマです。ヨセフは辛酸をなめましたが、ヨセフは、それは神の計画で、やがてくる飢饉のときに一族がエジプトに逃れられるよう、ひと足先に来て彼らを受け入れることができるよう、計らったのだと説明します。どんな苦難や不条理も実は、神の定めた計画に従っているのだと。

仮にそうだとしても、神の計画をみることなく一生を苦難のうちに送るひとの人生は、なんなのでしょう。苦難のなかで、呻きをあげ、祈りをささげても、神がすぐそれにこたえるとは限りません。四三〇年という時間の長さの背後に、そういう苦難を抱えて生きた多くの人びとがいたことを、思わずにはいられないのです。

エジプトを後にした六十万の人びとも、四〇年も荒野を彷徨ううち、大部分は約束の地を見ないで死んでしまいます。

壮大な神の計画を主題とする出エジプト記も、こうした人間の実存を、織り込まないで読むことはできないのです。

読む

13章17節〜14章4節

◉ 13章17節〜19節

ヤハウェは民を、近道の、ペリシテ人の地の道に導かなかった。戦いになって後悔し、エジプトに戻らないようにである。荒野を経て、葦の海に回り道をさせた。五十人隊に編成されて、イスラエルの子らは進んで行った。モーセはヨセフの骨を携えていた。ヨセフの遺言に従ったからである。

ペリシテ人は、カナンの地の沿海地方を占めていた。体格が大きく鉄製の武器を用い、戦法も巧みで、なかなか歯が立たなかった。ペリシテ人との抗争は、たとえば、士師記の怪力サムソンの逸話に描かれている。

葦の海は、かつて紅海とされた場所だが、最近は別の場所だとする。葦は、紅海には生えないので、別のどこか小さな河川か湖水だというのだ。しかし、紅海とする説も捨てがたい。ヨセフの骨は、故国のカナンの地に埋葬するのであろう。部族社会では、父祖の墓に眠ることが、人生のピリオドとして重視された。

◉ 13章20節〜22節

人びとはスコトから出発し、荒野の端のエタムに宿営した。ヤハウェは彼らの前を歩んだ。昼間は雲の柱、夜は火の柱として。

スコトは、12章37節に既出。エジプトの碑文に出てくる地名をヘブライ語化したもの。遺構が発掘されている。エタムの位置はわかっていない。

◉ 14章1節〜4節

ヤハウェはモーセに言った、人びとに言いなさい。向きを変え、ミグドルと海の間のピ・ハヒロトの前に宿営を張るように。バアル・ツェフォンの向かいの海辺に、宿営を張りなさい。するとファラオは、民が荒野に閉じ込められたと考えて、追ってくる。わたしはその全軍隊において、栄光を示そう。人びとはその通りにした。

ミグドルは、今日のテル・エル・ヘルと考えられる。ピ・ハヒロトの位置ははっきりしない。バルダビル湖は古代、東西に伸びる出洲で囲まれていて、その西岸のバアル・ツェフォンに向かい合う地点。ファラオの軍隊に追いつかれると、東が湖で、逃げ場がなくなる。

読む

14章5節〜20節

◉14章5節〜7節

ファラオに、イスラエルの民が逃亡したと知らせが入った。ファラオと僕たちは後悔した。戦車に馬をつなぎ、兵士たちを連れ出した。六〇〇の選り抜きの戦車と、エジプトのすべての戦車に、盾持ちを乗せて。

戦車は二輪で、馬につなぎ、戦闘員（この場合は、馭者と戦士と盾持ちの三人）が乗る戦闘用の車両。当時の主戦力であった。歩兵は、戦車に適わなかった。

◉14章8節〜10節

ファラオはイスラエルの子らを追った。海辺に宿営していた彼らに追いついた。みるとエジプトの軍勢が近づいている。イスラエルの子らはヤハウェに叫んだ。

イスラエルの子らは最初、士気が高かったが、エジプトの軍勢をみると怖じ気づいた。

◉ 14章11節～14節

人びとはモーセに言った、荒野で死ぬように、われわれを連れ出したのか。荒野で死ぬより、エジプト人に仕えるほうがましだ。モーセは言った、恐れるな。ヤハウェがすることを見ていなさい。ヤハウェが戦うので、お前たちは何もしなくてよい。

民衆の、政治指導者に対する苦言と、指導者の言い分が、率直に交わされるのが、出エジプト記の印象的な点のひとつである。

◉ 14章15節～20節

ヤハウェはモーセに言った、イスラエルの子らに出発するように言いなさい。お前は杖を高く上げ、手を海の上に伸ばし、海を割りなさい。イスラエルの子らが乾いた所に入って行けるように。エジプト人は、後を追って入ってくる。わたしはファラオとその全軍隊と戦車隊と騎兵たちに栄光を示そう。イスラエルの陣営の前を進んでいた神の使いは、前から後ろに移動した。そこで両陣営が近づくことはなかった。

20節は文意不鮮明で、さまざまに解釈されている。

読む

14章21節〜31節

◉14章21節〜25節

モーセは手を伸ばし、ヤハウェが一晩中、強い東風で海を退かせ、陸地にした。イスラエルの子らは、海の真ん中の乾いた所に入って行った。後から、ファラオのすべての馬と戦車と騎兵が入って行った。ヤハウェがエジプトの戦車の車輪の向きを曲げたので、エジプトはそれを御するのに苦労した。

この部分は、海のなかの乾いた場所がどう出来たのか、二つの話が合わさっている。手を伸ばして海が割れた、が祭司文書。ところがヤハウィストの、一晩中風が吹いた、が加わったので、乾いた所を渡るのが夜のようになってしまった。

◉14章26節〜29節

ヤハウェはモーセに言った、手を海の上に伸ばせ。水がエジプトの戦車の上に戻るように。

ファラオに追われ海を渡るイスラエルの民
（ドゥラ・エウロポスのシナゴーグのフレスコ画より 3世紀頃）

モーセは手を伸ばした。海は、夜明け前にいつもの場所に戻り、エジプト人は海に向かって逃げた。水が戻り、戦車と騎兵たちを覆った。ファラオの全軍隊のうち、一人として残らなかった。イスラエルの子らは、水が右と左で壁となっている間に通り抜けてしまっていた。

風で海の水が退くのと、右と左に分かれるのと、二つの記述が混在している。前者ではエジプト軍は、海と知らずに宿営したので、方向がわからず、海に向かって逃げることになる。

◉ **14章30節～31節**

ヤハウェは、イスラエルを救った。イスラエルは、エジプトが海の岸辺で死んでいるのを見た。民はヤハウェを畏れ、ヤハウェとその僕モーセを信じた。

「信じた」とは、神の威力を認識した、という程度の意味である。

読む

15章1節～21節

◉ **15章1節～18節**

モーセはイスラエルの子らと、つぎの歌をヤハウェに歌った。

「私はヤハウェに向かって歌おう。
ヤハウェは、馬と戦車の乗り手を海に投げ入れたのだから。

…………

ヤハウェは戦士、ヤハウェがその名。

…………

あなたの大いなる威光をもって、あなたはあなたに敵対する者を裂き倒し、
あなたが怒りを発すると、それは彼らを藁のように食らい尽くす。

…………

あなたが右手を伸ばすと、地が彼らを呑み込んだ。
あなたは、あなた自身が贖った民を、あなたの恵みの業をもって導き、
あなたの力で、あなたの聖なる住まいに伴った。
…………
カナンの全住民はおじけづいた。
恐れとおののきが彼らを襲い、あなたの腕の偉大さに、彼らは石のように黙り続けた。
…………
あなたの両手が立てた聖所に、わが主よ。
ヤハウェが、いつまでも永遠に主として支配するように。」

この歌は、五書の編集過程で挿入されたものと思われる。しかしそれなりに、古い成立の歌のようである。

◉ 15章19節～21節

女預言者、アロンの姉妹、ミリアムは、タンバリンを手に取った。女たちはみな、彼女の後ろについて出てきた。

あなたたち、ヤハウェに向かって歌いなさい／彼はまことに高くあり／馬と戦車の乗り手を海に投げ入れたのだから。

ミリアムは、アロンの姉妹と言われ、モーセとの関係はのべられていない。ここで、女預言者であることが明らかになる。アロンとミリアムは、のちに預言者の地位をめぐって、モーセに挑戦する（民数記12章2節）。

戦争に勝って帰ってきた男たちを、女たちが歌や踊りで迎える習慣があった。この歌の部分は、聖書でももっとも古い部分に属するだろうといわれる。

チャールトン・ヘストン、ユル・ブリンナー主演の映画『十戒』では、当時の最新技術のトリック映像を使って、モーセがイスラエルの民を率いて海を渡るシーンが描かれていました。これは、出エジプト記本文の記述に照らすならば、そのひとつの側面を映像化したものです。本文には、もうひとつの、もう少し実際にありうる側面（干潟に海が満ち引きする）も描かれている点に、注意しましょう。

コラム

ヘブライ

ヘブライの語源ははっきりしませんが、イスラエルの民を指すのに用いることがあります。エジプトにいた時期、イスラエルの民を呼ぶ言葉で、イスラエルの民も自分たちを呼ぶのに用いました。外国人とか居留民とか、奴隷とかいったニュアンスがあるともいいます。約束の地に戻ってからは、あまり用いられなくなり、かわりにイスラエルの民というようになります。言語の名前として、ヘブライ語という言い方に残っています。

イスラエルの民は、ヤコブの家ともいい、十二部族からなっていました。のちに、サウル王、ダビデ王、ソロモン王の王国が建てられたあと、北王国（イスラエル王国）と南王国（ユダ王国）に分かれます。北王国はアッシリアに滅ぼされ、消滅してしまいます。南王国は、新バビロニアに滅ぼされますが、バビロン捕囚を経て、再建されます。ユダ王国はユダ族がつくった王国だったので、イスラエルの民のことを次第にユダヤ人と呼ぶようになり、今日に至ります。

第2部　荒　野

第2部扉
雲の柱と契約の箱
（ベンジャミン・ウェスト 1800）

7 荒野の民

……15章22節〜17章16節

エジプトを脱出し、追手の軍隊からも逃れたイスラエルの民は、約束の地を目指します。けれども、それは簡単な道ではなく、荒野を長い間、さまようものでした。この、荒野での人びとの苦難も、出エジプト記の重要なテーマです。

荒野、は日本人にはイメージがつかみにくい場所です。日本のなかに、そんな場所はないからです。

日本では、人の住んでいるところの外側に、野原が広がっています。あるいは、雑木林の裏山があります。そうした場所は、水があって、その気になれば長い間、滞在することもできます。

荒野は、人の住んでいない場所ですが、単に人間の住居がないだけではありません。水がなく、植物がほとんどなく、食べられる生き物もみつからないのです。ほぼ砂漠、と言ってもいいでしょう。

メソポタミアの一帯は、降水量が少ないので、河川の流域を少し外れると、乾燥地帯です。農耕や牧畜の適地は限られていて、その外側に荒野が広がっていました。荒野は、人間がいられる場所ではありません。イエスが断食しながら四〇日を過ごした場所も、荒野でした。（断食の期間が四〇日なのは、おそらく、エジプトを出たイスラエルの民の放浪の期間が四〇年だったのを、踏まえています。）

出エジプト記をまとめた人びとが、荒野をさまよう人びとを描くことによって、どのようなメッセージをこめたのか。神ヤハウェと人びとの、ひとすじ縄ではいかない関係が、描かれています。それを読み解くことが、この箇所を味わう醍醐味だと思います。

読む

15章22節〜16章

◉ 15章22節〜24節

モーセはイスラエルを葦の海から出発させ、シュルの荒野を三つ歩いたが水がなかった。マラに来たが、水が苦かった。モーセがヤハウェに叫ぶと、ヤハウェは一本の木を示した。木を投げこむと、水は甘くなった。

水を浄化して飲む方法があった、ということのようである。このときには民はまだ、おとなしくしていた。

◉ 15章25節～27節

ヤハウェはイスラエルに掟と法を示し、イスラエルを試した。ヤハウェは言った、もしあなたがたがヤハウェに従い、すべての掟を守るなら、エジプト人に置いたすべての病をあなたに置くことはしない。ヤハウェは、癒すものであるから。

彼らはエリムにやって来た。十分な水となつめ椰子の木があった。そこに宿営した。

25節後半～26節は、加筆されたものだという。これによれば、イスラエルがヤハウェの掟おもとに置かれるのは、シナイではなく、それより前の荒野においてだ、とされる。また、ヤハウェがイスラエルを守るのは、掟を守る限りにおいて、である。

◉ 16章1節～3節

エリムから出発し、シンの荒野にやって来た。エジプトを出て、二カ月目の十五日である。

会衆は、モーセとアロンに不平を言った。エジプトでヤハウェの手で死んだほうがましだ。あのころは肉鍋の脇で、満腹するまでパンを食べていた。お前たちは、俺たちを荒野で飢え死にさせようとしている。

会衆は、シンの荒野で、初めてモーセとアロンに不平を言う。空腹と渇きと、先の見えない道行きのゆえである。

モーセはファラオと対決し、エジプトの神々と対決し、勝利を収めた。民を率いる指導者としての自信をえた。そしていま、民と対決する。民は、モーセを指導者に選んだのではない。モーセの指導者としての権威に、疑問を呈しているのである。

◉ 16章4節〜8節

ヤハウェはモーセに言った、わたしはパンを天から降らせる。民は一日分を集めなさい。それは、彼らがわたしの律法に従っているか、試すためだ。六日目に集めると、二倍の量になる。モーセとアロンは言った、朝にはお前たちは、ヤハウェの栄光をみる。だがこのように不平を言うとは、私たちは何なのか。モーセは言った、ヤハウェが夕方、肉をお前たちに与え、パンを朝満腹するほど与え、ヤハウェがお前たちの不満を聞き入れるとき、私たちは何なのか。お前たちの不平は、ヤハウェに向けられている。

栄光は、神が人間の前に現れるとき神をとりまく。それは説明できない実体で、目に見えない神を隠し隔てるものである。

六日目に集めるとふだんの二倍になるのは、七日目が安息日なので、その分も与えられるからである。

◉ 16章9節〜12節

モーセはアロンに言った、言え、ヤハウェの前に近寄れ、ヤハウェが不平を聞き入れたからと。振り向くと、ヤハウェの栄光が雲の中に現れた。ヤハウェはモーセに言った、告げて言いなさい、黄昏時にあなたたちは肉を食べ、朝にパンで満腹する。わたしがあなたたちの神ヤハウェであることを知るようになる。

ヤハウェの栄光（原語カーボード）は、世界を満たしている神の重要性、転じて、その輝かしい尊厳、を意味する。神ヤハウェ自身と区別された、その顕現形態のことだとされる。

◉ 16章13節〜18節

夕方にうずらが舞い上がり、宿営を覆った。朝には露が降り、かさかさした薄いものがあった。モーセは彼らに言った、これはヤハウェが食糧として与えたパンである。各自、食べる量を集めなさい。一人あたり一オメル。イスラエルの子らはその通りに行なった。

うずらは、この日だけか、毎日のことか、不明。

朝の薄いものは、マーンである（協会共同訳、新共同訳などはマナと訳す）。マーンは、有力な説によると、マナの木（ギョウリュウ科）の葉から樹液を摂取したアブラムシ科の昆虫の分泌物。地面に転がり落ち、気温が下がると固まり、集めることできる。甘いので甘味料となる、という。

オメルは、エファの一〇分の一（16章36節）で、約二・三リットルにあたる。

◉16章19節〜28節

モーセは言った、誰も翌日まで残しておいてはならない。幾人かが残しておいた。虫がわき臭くなった。モーセは怒った。人びとは朝ごとに、自分の量を集めた。六日目には、一人二オメルずつ集めた。モーセは言った、明日は安息日だ。焼くものを焼き、煮るものを煮、余ったものを、置いておきなさい。置いておいたが、臭くならず虫もわかなかった。七日目に、幾人かが集めようと出かけたが、見出さなかった。ヤハウェはモーセに言った、いつまであなたたちは、わたしの命令と律法を守ることを拒むのか。

これまで、民に命じるのは神だった。16章24節ではじめて、モーセが民に命じている。

◉ 16章29節〜36節

ヤハウェがお前たちに、安息日を定めた。それゆえ、六日目に、二日分のパンを与える。民は七日目に休息した。イスラエルの家は、その名をマーンと呼んだ。モーセは言った、取ってオメル升を満たせ。後の代々の人びとに保存するために。モーセはアロンに言った、壺をひとつ取り、マーンを一オメル分入れ、ヤハウェの前に置きなさい。後の代々の人びとに保存するために。アロンはその通りにした。イスラエルの人びとは、四〇年間、マーンを食べた。

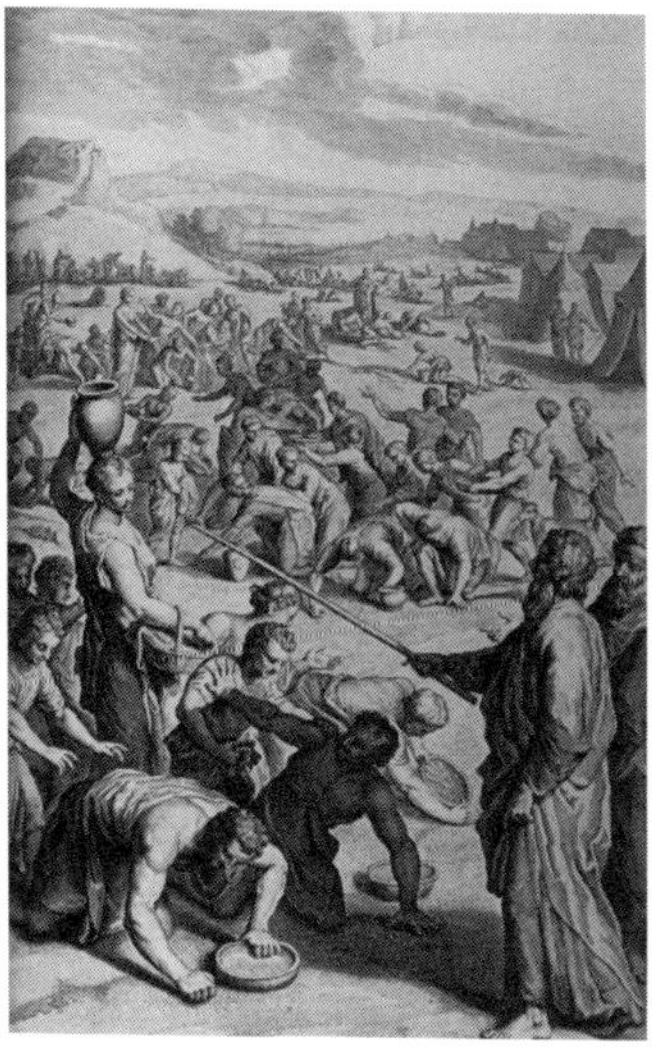
荒野でマーンを拾うイスラエルの民
（ヘラルト・フート 1728）

マーンは、神ヤハウェの与えたパンである。後の世代の人びとがそれを信じるため、それを保存しようとしたことがのべられている。翌日に変質してしまうマーンを、升や壺で保存しようとするところに、無理がある。

のちに、シナイ山で契約の書をモーセが授かると、それは証書として、箱に収められ、後の世代の人びとに伝えられていくことになる。ここの箇所の試みは、その先駆であるとも考えられる。

読む

17章1節〜16節

◉ 17章1節〜7節

イスラエルの民はシンの荒野を出発し、レフィディムに宿営したが、飲み水がなかった。民はモーセに言った、飲み水を与えよ。モーセは言った、なぜ私と争い、ヤハウェを試すのか。民はなお、モーセを非難した。モーセはヤハウェに叫んだ。何をすべきでしょう、私は石で打ち殺されそうです。ヤハウェはモーセに言った、長老を何人か選び、杖を手に、行きなさい。わたしはホレブの岩の上に立つ。あなたはその岩を打ちなさい。すると水が出てきて、民は飲むことができる。モーセはそのように行なった。人びとはその場を、マサとメリバと呼んだ。

レフィディムは、17章8節にも出てくるが、位置は不明。

岩は、石ころではなく、大きな塊り、つまり山である。モーセは長老たちを連れ、そこに登って行った。奇蹟をみたのは長老たちだけであり、民は見ていない。

マサは、「ヤハウェを試みる」意味。メリバ（メリーバー）は、泉の水をめぐって羊飼いたちが「争った」「争いごとを調停した」意味。

◉ 17章8節〜16節

アマレクがやって来て、レフィディムでイスラエルと戦った。モーセはヨシュアに言った、男たちを選び、アマレクと戦いなさい。私は明日、丘の頂きにいて、杖を手にしている。ヨシュアはその通りに行ない、モーセとアロンとフルは、丘の頂きに登った。モーセが手を上げているとイスラエルが優勢に、手を休めているとアマレクが優勢になった。モーセの両手が重くなったので、彼らは石をとって、モーセはその上に座った。アロンとフルはモーセの手を両側から支えた。モーセの両手は日没まで不動だった。ヨシュアはアマレクとその兵士たちを打ち破った。ヤハウェはモーセに言った、これを書物に書き記し、ヨシュアに聞かせなさい。わたしはアマレクの記憶を完全に消し去るから。モーセは祭壇をひとつ建て、その名を「ヤハウェは私の軍旗」と呼んだ。

アマレク人は、シナイ半島やパレスティナにいた遊牧民。泉や放牧地をめぐってイスラエル人と争っていたらしい。王国が成立すると、サウルやダビデがアマレクと戦った。

ヨシュアは、ここで初めて登場する。モーセの従者で、軍事的指導に巧みであり、モーセの後継者として、イスラエルの民を率いることになる。
フルは、24章14節でも出てくる。

こうして、イスラエルの民の旅は、まだ続きます。

8 モーセとイェトロ

……18章

シナイ半島を移動中のモーセ一行のもとを、ミディアン人のイェトロが訪ねてきます。モーセの妻ツィポラの父です。妻ツィポラと子供たちも一緒です。イェトロは、モーセの指導者としての仕事ぶりをみて、役割を分散するようにアドヴァイスしました。そして、神ヤハウェを誉め称えました。イェトロも祭司ですが、神ヤハウェはほかの神々にまさっている、と言うのです。そして、帰って行きました。

読む

18章1節～27節

◉ 18章1節～12節

神ヤハウェがイスラエルの民をエジプトから導き出したことを聞いて、モーセの舅イェトロが訪ねてきた。実家に戻っていたモーセの妻ツィポラと二人の息子も一緒だった。息子はひとりをゲルショム、もうひとりをエリエゼルという。彼らは互いに無事を尋ねあった。そして天幕に入った。モーセは、神ヤハウェのすべてについて話した。イェトロは喜んだ。ヤハウェは祝福されよ、ヤハウェはお前たちをエジプト人の手から救い出した。ヤハウェはどの神々よりも偉大である。イェトロは神のために、全焼の供犠と犠牲をとった。アロンとイスラエルの長老全員が、神の前で、モーセの舅と食事をするためやって来た。

イェトロは、自分の神に従う祭司であるが、ヤハウェを認め、偉大であると誉めている。そして犠牲を献げている。イスラエルの長老たちがやって来て、ともに食事をとっている。この情景は、異教徒に対する寛大な関係に開かれているところ、ともみえる。

◉ 18章13節〜27節

翌日、モーセは一日中、民を裁いた。イェトロはその一部始終を見て、聞いた、なぜお前は朝から晩まで座り、民全員がお前に向かって立っているのか。モーセは言った、民は、神に尋ねるために、私のところに来るのです。私が裁き、神の掟と律法を知らせます。イェトロは言った、よくない、みな疲れ切ってしまう。お前は、民のために神と向き合いなさい。彼らに掟と律法を教えなさい。全員のなかから、神を畏れる有能な男たちを見分け、千人隊の隊長、百人隊の隊長、五十人隊の隊長、十人隊の隊長として任命しなさい。彼らがいつもは民を裁き、重大なことはお前が裁くのだ。モーセは、彼の言ったことをすべて行なった。モーセは舅を送り出した。彼は一人で自分の地へと去って行った。

千人隊長、百人隊長、五十人隊長、十人隊長などは、当時多くの軍隊で採用されていた組織だが、定着後のやり方である。それが、モーセの時代に持ち込まれている。

宗教指導者が神の法にもとづいて裁判を行なうさまは、イスラム初期のムハンマドを想い起こさせる。ムハンマドもこのように、人びとのあいだの矛盾や紛争を解決するために、自ら裁判を行なった。その判決が判例（スンナ）として、イスラム法の骨格に組み込まれているのは有名であろう。

モーセが一時、身を寄せていたミディアン人の祭司イェトロが、モーセの一行を訪ねてきます。妻ツィポラと息子二人も一緒です。訪問の動機は、妻と息子二人をモーセに送り返すためですから、理解しやすいです。

モーセがそもそも神ヤハウェに山で出会ったのは、祭司イェトロのはからいによる、とも言えます。ウェーバーは『古代ユダヤ教』で、ヤハウェはもともとアラビア半島あたりで火山の神として崇められていたものが、カナンの地にいたイスラエルの民に持ち込まれたものであろう、と推定しています。祭司イェトロの逸話は、その痕跡を残しているのかもしれません。

コラム

安息日

安息日は、一神教に独特の考え方です。

安息日は、ヘブライ語で「シャバット」、英語で「サバス」といいます。その形容詞「サバティカル」は、大学の教員が連続六年働くと、七年目に有給で仕事を休めることをさします。

一週間（七日間）という時間の刻みは、創世記第一章で、神が天地を六日間で創造し、七日目に休んだとのべてあることにもとづきます。これを根拠に、人びとは六日働いて七日目に休みます。

なぜ、七日目で、六日目でも八日目でもないのか。六は、バビロニアの暦法で、中心になる数字です。角度（三六〇度）に、その影響が残っています。バビロンに捕囚されたイスラエルの人びとは、その宇宙観や思想・文化・風俗に、影響を受けました。天地創造の物語やバベルの塔やノアの洪水の物語に、その影響が現れています。その影響をあえて排除するために、六に一を加えて七にしたのではないかと、私は思います。

七は、四倍すると二八になって、月の周期（二九・五日）とだいたい一致します。

＊

七日に一回休む、という機械的なやり方は、晴天の続く乾燥地帯に適するやり方です。

日本のような湿潤な地域では、よく雨が降るので、雨の日に農作業を休むのが合理的です。七日に一回、のように機械的な間隔で休むのは、労働実態に即さず、合理的ではありません。乾燥地帯では、晴れの日が続くので、雨の日に休むのでは、働きづめになってしまいます。そこで、「七日に一回」のように機械的に決めて、無理やり休むことにするのです。

もともとは休むこと、つまり、労働する人びとや奴隷や家畜を休養させて、体力の消耗を防ぎ、長期的な生産性を維持することに主眼がありました。それが、創世神話と結びついて、安息日が神の命令だとされるようになる、という順番なのです。

＊

さて、一週間は日曜日から始まります。七日目が安息日ですから、土曜日になります。安息日は土曜日なのです。よってユダヤ教徒は、土曜日に休みます。

古代のユダヤ暦では、日没を境に、その時点から翌日になりました。そこで、土曜日は、金曜が日没で終わると、始まります。一夜明けて、つぎの日没までが土曜日です。

キリスト教は、おそらく意図的にこれとずらして、日曜日に礼拝をします。イスラム教は、これもおそらく意図的にこれらとずらして、金曜日に礼拝をします。金曜日は、クルアーンに安息日だと定めてあります。クルアーンは、ほかの預言者よりも後から来た偉大な預言者ムハンマドの伝える神の言葉なので、それまでの預言を上書きすることができます。

＊

安息日を守る。これは、行為の外形からわかるので、どの信仰に従っているのかがはっきりします。信仰共同体を、行為によって確認し、異教徒から区別する機能があります。安息日を守ることは、神に対する義務で、それ以外の事情よりも優先しなければなりません。

安息日がどの日なのか、恣意的であるからこそ、宗教規定として機能するのです。

第3部　シナイにて

OVTE ISRAEL
I
SVIS LE SEIGNE
ON DIEV, QVI T'AY
IRE DE LA TERRE
DEGIPTE DE LA MAIS
DE SERVITVDE TV
N'AVRAS POINT D'AV
TRES DIEVX DEVANT
MA FACE. TV NE TE
FERAS POINT D'IDOLE
NI D'IMAGE TAILLEE
NY AVCVNE FIGVRE
POVR LES ADORER.
II
TV NE PRANDRAS PO
LE NOM DV SEIGNE
TON DIEV EN VAIN CA
LE SEIGNEVR TON DI
EV NE TIENDRA PO
INT POVR INNOCENT
CELVY QVI AVRA PRIS
LE NOM DV SEIGNE
SON DIEV EN VAIN.
III
SOVVIENS-TOY DE
SANCTIFIER LE IOVR
DV SABATH.
IV
HONORE TON PERE ET
TA MERE, AFIN QVE TV
SOIS HVREVX, ET QVE
TV VIVES LOG. TEMP
SVR LA TERRE.
V
TV NE TVERAS POINT
VI
TV NE COMMETTRAS
POINT FONICATION
VII
TV NE DEROBERAS
POINT.
VIII
TV NE DIRAS POINT
FAVX TESMOIGNAG
CONTRE TON PROCH
AIN
IX
TV NE DESIRERAS
POINT LA FEMME DE
TON PROCHAIN.
X
TV NE DESIRERAS
POINT SA MAISON NY
SON SERVITEVR NY
SA SERVANTE, NY SA
BOEVE NY SON A
NY AVTRE
LVY APP

第3部扉

モーセと十戒

（フィリップ・ド・シャンパーニュ 1648）

9 神の到来

19章

シナイ半島のシナイの荒野にさしかかると、そこに山があって、モーセはそこを神のもとへと上っていきます。神は、火山の噴火にも似た威容をもって、そこに臨在しています。これから、この神ヤハウェとイスラエルの民との、契約が交わされ、約束の地に導かれる資格のある選ばれた民となるのです。

この、神とイスラエルの民とのあいだを媒介するのが、モーセです。

神の臨在するこの山は、聖なる山、危険なエリアで、神は人びとの立ち入りを禁止します。立ち入り禁止線の外側で、イスラエルの民は、モーセと神が交流するのを見守ります。神と交流する有資格者がただひとりに限定されていること、アロンを加えても、ふたりだけであること。やがてこの人びとは不在となりますが、代わりに、人びとが神とつながるためには、祭司に頼んで犠牲を献げてもらうか、あるいは、モーセが残した契約（律法）に従うか、どちらかになるのでした。
いずれにしても、神がそこに臨在して、自分たちイスラエルの民を選び、契約を結んでくれようとしている。この震えるような感覚、この特別な出来事こそ、出エジプト記のハイライトなのです。

読む

19章1節〜25節

◉ 19章1節〜6節

エジプトを出て三度目の新月の日、イスラエルの民は、シナイの荒野にやって来て、宿営した。モーセは神のもとに上って行った。ヤハウェが山の上からモーセに言った、イスラエルの民に言いなさい。わたしがエジプト人にしたこと、鷲の翼に乗せて連れてきたのを、見たはずだ。もしもよく言うことを聞き、契約を守るならば、諸民族のなかから選ばれてわたしの宝となる。あなたたちは祭司たちの王国となり、聖なる民となる、と。

「祭司たちの王国」とは、珍しい表現。祭司が神に近づけるように、諸民族のなかで神に近づける民族となる、という意味かもしれない。
「聖なる」とは、一般に、神ととりわけ関係がある、という意味。

◉19章7節〜9節

モーセは、長老たちに、ヤハウェの言葉を伝えた。民は、答えて言った、ヤハウェのすべての言葉を、私たちは行ないます。モーセはそれを、ヤハウェに報告した。ヤハウェはモーセに言った、わたしは厚い雲に包まれて、あなたのもとにやって来る。わたしがあなたと共に語るときに、民が聞くため、モーセを信じるためである。

ヤハウェがモーセと語り合うとき、民がそれに立ち合うことを、ヤハウェは意図していることがわかる。

◉19章10節〜20節

ヤハウェはモーセに言った、民のところに行き、今日と明日、彼らを聖別しなさい。上着を洗い、三日目の準備をしなさい。三日目にヤハウェが民の目の前で、シナイ山に降りて来るからである。民のため、まわりに境界を設け、言いなさい。山に登らないように、山裾にも触れないように。山に触れる者は誰でも、必ず死ななければならない。手を触れてもならない。羊の角笛が吹かれている間は、山に登ることができる。モーセは言った、三日間準備せよ、女に近づいてはならない。三日目の朝、雷鳴と稲妻とおびただしい雲が山の上に生じた。民は宿営にいて震えた。モーセは民を宿営から連れ出し、民は山の麓に立った。山は煙った。ヤハウェが火に包まれて山の上に降りて来たからだ。雄羊の角笛がさらに大きくなり、モーセは繰り返し語り、神は彼に雷鳴で答えた。ヤハウェはモーセに、山の頂きに来るように呼び、モーセは登った。

「必ず死ななければならない」は、死刑を意味する決まった言い方である。

ここでの描写は、火山の様子と、雷の様子が、ミックスされている。どちらの記述の層が古いかと言えば火山が古く、雷があとから加わったものらしい。この付近の火山地帯は、アラビア半島の北西部にあるという。イスラエルの民のたどったとされる、いずれのルートからも外れている。ふつうシナイ山であろうとされるモーセの山（ジェベル・ムーサ）は、火山ではない。この山は、起元前後、ナバテヤ人の巡礼地であったものが、ビザンチン時代になってシナイ山に比定されたものにすぎない。この山は、出エジプト記を書いた人びとの、想像の産物ということだ。

◉19章21節～25節

ヤハウェはモーセに言った、降りて、民に警告しなさい。彼らが境界を突破し、倒れないためである。祭司たちも、ヤハウェが彼らを襲わないように、離れていなさい。モーセはヤハウェに言った、民はシナイ山に登れません。ヤハウェはモーセに言った、降りて行き、あなたとアロンも登って来なさい。だが祭司たちと民は登ってはならない。モーセは降りて行き、彼らに（そう）言った。

現在のシナイ山

19章で、まず注意すべきなのは、神ヤハウェが、民を「襲う」こと。うっかり接近することが危険な猛獣のようです。あるいは、逆に言えば、神ヤハウェは、それだけ人びとに接近されることに、怯えているのかもしれません。

ヤハウェは一度、モーセを襲ったことがあります（4章24節～26節）。19章で、モーセは、ヤハウェの命令によって山に登っていきますが、そのモーセすらヤハウェに襲われる危険があって、ヤハウェは我慢しているだけなのかしれません。

祭司が、民と同じく、神への接近を禁じられている点も、注目すべきでしょう。そもそも祭司は、神殿ができてから現れた階層の人びとです。定着する以前で神殿も存在しないこの時期に、祭司がいること自体が不自然です。あとの時代の事情が、モーセの時代に投影されているのでしょう。

神への接近が許される度合いは、

　モーセ＞アロン＞＞＞祭司＞民＞動物

となっています。祭司の地位を、モーセやアロンに比べて、貶める意味があったのかもしれません。

＊

さてこのあと、ヤハウェとモーセの、長いやりとりが始まります。

10 十戒と契約の書

……20章〜23章

さてここから、神ヤハウェとの契約の、詳しい内実が明らかにされます。これが、「モーセの律法」の、根幹となります。

冒頭に、いわゆる「十戒」が掲げられます。十戒は、日本でも神の言葉として有名ですが、法律がたったの十条に限られている、と誤解してはなりません。それは、要約の心覚えとして与えられたものです。その章句は、聖書とともに有名になり、世界中に大きな影響を与えました。

ついで、詳細な律法のかずかずが伝えられます。いわゆる「契約の書」です。この部分は、「法律条文集」の体裁に近いものです。どの条項も、とても意義深く、当時のユダヤ人社会、また世界観を反映しているものなので、一つひとつ、詳しく紹介して行きます。

十戒も、また契約の書も、それ以前のテキストに該当するものがなく、出エジプト記が編纂される段階で、本文に書き込まれたと想像されます。

＊

これらの律法は、預言者モーセと結びつけられ、モーセの律法とされることで、ユダヤ人のうえに強い規範力を及ぼしました。ユダヤ法（ユダヤ教）はじつに、出エジプト記のこの部分にもとづいて生まれた、と考えてもよいのです。そして、イエス・キリストの物語も、キリスト教も、モーセの律法が人びとの桎梏となっていた当時の社会の現状を大前提にするのですから、この書物がどれぐらい広い射程をもっていたか、測り切れないほどです。

十戒と律法の書を、一条一条よく味わい、心に刻んで、わがものとしてください。その後に起こった多くの出来事の、謎を解くカギとなるはずです。

＊

モーセの律法は、エジプトを脱出して砂漠を移動しつつあるイスラエルの民のためのものというより、約束の地に定着して長く経ち、社会階層の分解やさまざまな社会矛盾を抱えるようになったユダヤ社会を生きる人びとのためのものです。ですから、これらの律法は、過去の偉大な預言者モーセに仮託して、後世の人びとが編纂したものだと考えるのが、学問的な態度です。それ以外に、このテキストの科学的な読み方はありません。

それでは、どのタイミングで、ユダヤ社会の人びとはこのテキストを編纂したのか。それはいわゆる「申命記改革」の時期だと考えられます。

申命記改革とは、ユダ王国（南王国、ダビデ王朝）のヨシヤ王が、行なった改革です。ヨシヤ王は、紀元前七世紀の後半に統治し、弱体となったアッシリア王国からの独立を回復する民族主義的政策（ユダヤ教の復興）を押し進めました。そして、神殿を整理していたらモーセの律法（申命記）がみつかったと宣言します。実際には彼の指揮のもと、祭司たちの手で、モーセの律法が整えられたのでしょう。神に忠実な預言者モーセの像も、この時期に確立したのだろうと思います。

ヨシヤ王は、エジプトからシリア方面へ進軍してくるファラオ（ネコ二世）を迎え撃ち、メギドで戦死します。けれども、ヨシヤ王のまいた種が、ユダヤ民族主義として根を下ろし、のちの新バビロニアによる捕囚の苦難の時期を乗り越える、原動力になったと思われます。以来、ユダヤの人びとは苦難があるたび、出エジプトの出来事と、荒野でのイスラエルの民の試練を想い起こすのです。

＊

それでは、とりわけ注意深く、テキストを順番に読んでいきましょう。ここは、出エジプト記の山場だからです。

読む

20章1節〜17節

◉ **20章1節〜6節**

神はつぎのすべての言葉を告げて言った、わたしはヤハウェ、あなたの神、あなたをエジプトの地、奴隷の家から導き出した。他の神々が、わたしの面前にあってはならない。自分のためにに像をつくってはならない。天の、地の、水の中の、いかなる形もつくってはならない。それらにひれ伏しても、仕えてもならない。わたしはヤハウェ、嫉妬の神である。わたしを憎む者には、父の罪を息子たち、三代目、四代目の者たちに報いる。わたしを愛する者たち、命令を守る者たちには、いくつもの世代にまで恵みを行なう。

まず神は、イスラエルの民をエジプトから導き出したのが自分であることを、念を押す。最初の掟は、ほかの神々があってはならないこと。

そして、像をつくってはならないこと。なぜ像をつくってはならないかと言うと、像をつくると拝みたくなるからであろう。

つぎに、ヤハウェは、自らを「嫉妬の神」（熱情の神）だとする。嫉妬深く、執念深いのである。通常のキリスト教系の書物は、熱愛の神とか、愛情深い神とか、翻訳しているが、前後の文脈と合っていない。すぐ後ろに、ヤハウェを憎む者には、当人はもちろん、その息子、三代、四代あとの者にも、報いると書いてあるからである。それに対して、愛する者には、もっとあとの代まで恵みを与える、と書いてある。

少なくとも、ふたつのことに注意すべきだ。第一に、神に対する人びとの責任は、連帯責任であること。親の信仰／不信仰の責任が、子供やそれ以下の世代に問われる。自分に責任のないことでも、神ヤハウェは、責任を追及したり、報いたりするのである。これは、ユダヤの刑法が古代法としてはとても近代的で、個人責任であり、親の不法行為の責任を子に問わない、と明示しているのと、対照的である。

第二に、神ヤハウェを憎む者の罪の追及は、三代、四代に及ぶのに対して、ヤハウ

モーセと十戒
（レンブラント 1659）

ェを愛し命令を守る者への恵みは、もっと末代まで及ぶ、としている点である。憎しみよりも愛のほうが優位している。

一九五〇年代に、この地域で古代に交わされた外交文書の研究が進み、そのパターンがヤハウェの十戒とそっくりであることがわかって来ました。十戒は、当時の外交文書をひな型に、組み立てられているのです。外交文書は、地域の大王から都市国家の王たちに宛てるもので、このような構成をとります。

1　大王が、名前を自己紹介する。

2　歴史的な両者の関係について、のべる。大王が王たちにどんな恩恵を施し、王たちは恩義があることを示す。

3　契約の本体、すなわち、王たちは大王に忠誠を尽くし、ほかの誰かに同様にしないことをのべる。

4　契約のそのほかの部分、すなわち、貢納を納めるとか、軍務を提供するとかいった約束をのべる。

シナイ契約も、これと同じだということがわかります。

1　わたしはあなたがたの神ヤハウェである。

2　わたしはあなたがたを、奴隷の家エジプトから導き出した。

3　あなたがたは、ほかの神々を拝んではならない。

4　偶像をつくってはならない。ヤハウェの名を唱えて嘘を言ってはならない。安息日を守れ。父と母を敬え。……

外交文書は、大事な場所にしまわれるのですが、シナイ契約も契約の箱にしまわれ、この点もよく似ています（Friedman 2003:234f 参照）。

聖書が、当時の社会環境や国際情勢を踏まえて書かれていることを、頭の隅に入れて置きましょう。

◉ 20章7節

あなたの神ヤハウェの名を、空しいことのために唱えてはならない。ヤハウェは、空しいことのために名を唱える者を、罰さずにはおかない。

ふつう、神の名にかけて、などとむやみに誓ったりすることを戒めている、と理解される。ちなみに、神の名を唱えることを禁じたこの規定のため、ヘブライ語聖典にあるヘブライ文字（ローマ字に直せば、ＹＨＷＨにあたる）を別な言い方に読み替えていた結果、読み方がわからなくなった。近代になって、学者のあいだで、エホバである、いやヤハウェである、と論争になった。実際にはこの箇所が言っているのは、神の名を用いて嘘をついてはならない、ということである。

◉ 20章8節～11節

安息日を覚え、これを聖別しなさい。六日間は働きなさい。だが七日目は、神ヤハウェのための安息日であり、どんな仕事もしてはならない。あなただけでなく、息子も娘も、男奴隷も女奴隷も、家畜も、あなたの門のなかにいる寄留者も、どんな仕事もしてはならない。なぜならヤハウェは、天地を造ったあと、七日目に休息したからである。

実際には、なにをすれば「働いた」ことになるのか、具体的に考えなければならない。ユダヤ法の専門家が、それを明らかにしていく。いわゆる「口伝の律法」である。イエスの時代にはそれを、パリサイ派の人びとが主に、体現していた。現代のユダヤ教では、ラビがその後継者である。食事をつくること、ロウソクにマッチで火をつけること、電気のスイッチを入れること、エレベータや自動車に乗ること、などを安息日にしてはいけなかったりする。

◉ 20章12節〜17節

あなたは父と母を重んじなさい。あなたは殺してはならない。姦淫してはならない。盗んではならない。あなたの隣人に対して、嘘の証言をしてはならない。あなたの隣人の家を欲しがってはならない。隣人の妻と、男奴隷と女奴隷と牛とろば、隣人のすべてのものを、あなたは欲しがってはならない。

ここには、神と必ずしも関係ない、社会倫理や道徳や犯罪に関わることがまとめて書かれている。

「殺す」は、ヘブライ語では英語と同様、謀殺（murder）の意味。単に生命を奪う（kill）以上の、重大な含意がある。

「姦淫」とは、男性が、既婚女性や嫁ぐ相手の決まっている女性と性的関係をもち、ほかの男性の結婚を侵害すること、である。既婚の男性と独身の女性の性的関係を、必ずしも姦淫とは言わない。また比喩的な意味で、イスラエルの民が、ヤハウェ以外の神々を拝むことを表わすことがある。

読む

20章18節～26節

◉ 20章18節～21節

民は、雷鳴と角笛の音を聞き、山がけむっているのを見て、震え、離れて立っていた。そしてモーセに言った、あなたが私たちに語ってください、神が私たちに語って私たちが死ぬといけないからです。モーセは言った、恐れなくてよい、あなたたちを試すため神は来た。民は離れており、モーセだけが密雲に近づいて行った。

音や光や振動があたりを包み、いまで言えば大きなコンサート会場のように、いやが上にも劇的効果が高まるような設定である。

◉ 20章22節～26節

ヤハウェはモーセに言った、イスラエルの子らに言いなさい、天からわたしがあなたたちに語るの見たであろう、銀の神々や金の神々をあなたたちのためにつくってはならない。土の祭壇をわたしのためにつくり、全焼の供犠と和解の供犠、小家畜と牛を屠りなさい。わたしはわたしの名を呼ぶすべての場所で、あなたを祝福する。石の祭壇を築く場合は、切石で築いてはならない。鑿《のみ》は祭壇を汚すからである。階段をつくって祭壇に登ってはならない。その上でお前の恥部が露わにならないためである。

銀や金で偶像をつくるな、とは、異教の習慣を禁じるものである。

全焼の供犠は、黒こげになるまで犠牲の獣を焼き尽くすもので、人間は食べられない。よって、一〇〇％ヤハウェに献げた、という意味になる。完全な服従の表現である。それ以外の犠牲は、半焼けなので、人間はお下がりを食べられる。神と人間が共食する関係である。犠牲の種類と献げ方については、レビ記に詳しい説明がある。

石の祭壇を鑿で築いてはならない、とは、カナンの神々の祭儀に用いる祭壇が鑿で窪みをくり抜いていたので、その習慣を禁止する意味があるという。

階段つきの祭壇も、カナンの祭儀の特徴だったらしい。恥部が露出する、というのは、エデンの園で神がつくった恥部を、人間が恥ずかしがらなかった（神にとって恥部はない）という伝承と、整合しないような気がする。

読む

21章1節～36節

◉ 21章1節～6節

ヘブライの男奴隷を買った場合、七年目には、奴隷身分から解放され、無償で出て行くことができる。独身で来たら独身として、妻帯者として来たら妻も出て行くことができる。もし主人が女を妻として与え、子供を生んだのなら、女と子供は主人のもので、男は独身として出て行かなければならない。もしも男奴隷が、主人と妻と子供を愛しているので、解放されて出て行くことはしないと言うなら、彼を戸口か柱のもとに連れて行き、耳たぶに穴をあけなければならない。すると彼はいつまでも奴隷として仕えることになる。

聖書でヘブライとは、外国人に対してイスラエルの人びとを指す場合に用いる。同胞のユダヤ人が奴隷となった場合、七年目に解放される、という規定が注目される。夫婦で奴隷になったら、妻と共に解放される。主人のもとで妻を与えられ子供が生まれた場合は、奴隷の選択に任せられる。これは男奴隷に対する規定であって、女奴隷は七節以下で、のべられる。申命記15章12節では、女奴隷も七年目に自由になると書いてある。平行する規定を多く含むハムラビ法典は、奴隷の逃亡と隠匿についての規定を含むが、契約の書には、該当する規定がない。

◉ **21章7節～11節**

ある男が自分の娘を女奴隷として売った場合、男奴隷と同じように出て行くことはない。主人が彼女を自分のものと決めてから、彼女が主人の気に入らないなら、主人は彼女を買い戻さなければならない。彼女を異国人に売ることはできない。もし主人が彼女を自分の息子のものと決めるなら、娘たちの権利に従って、主人は彼女を扱わなければならない。もし主人が他の女を娶っても、先の女奴隷の肉食と衣服と性交を減らしてはならない。主人がこの三つを女奴隷に対して実行しないのなら、彼女は無償で出て行くことができる。

女性は、主人やその息子と関係を持つ場合がある。それを、主人の都合で追い出すことはできない。そして、女奴隷をそれとして遇することができなければ、自由を与えなければならない。

◉ 21章12節〜17節

ある男を打ってその男が死ねば、死ななければならない。だが、故意でないなら、特定の場所に逃げ込むことができる。ある男が別の男を、策略をもって殺害した場合は、彼は祭壇から引き離され、死ななければならない。自分の父や母を打つ者は、死ななければならない。男をさらう者は、売ったにせよ、手元に置いてあるにせよ、死ななければならない。自分の父や母を軽んじる者は、死ななければならない。

故意でない場合、逃れることのできる場所を、逃れの町という。申命記19章4節によれば、三つの町があった。そこに匿われている限り、追手が復讐に来ても安全が保障される。謀殺の場合は、この恩恵は、適用されない。（祭壇は、政争に敗れた者などが、安全を求める場所であった。）

誘拐も、死刑に処せられる。父母を虐待したり、尊重しなかったりする者も、死刑となる。

◉ 21章18節〜21節

男たちが争い、一人が一人を打ち、死なないが床につき、起き上がって歩けるようになった場合は、打った者は仕事ができなかった分と治療費を負担しなければならない。ある男が男奴隷か女奴隷を打ち、その場で死んだなら、男は復讐される。一日か二日生きていれば、復讐されなくてすむ。奴隷はその男のものだからだ。

自由人の傷害事件の場合、同害報復でなく、補償による解決をはかる。奴隷の命に自由民の命で贖う規定は、当時ほかに例がない。債務奴隷の場合、親族が報復したであろう。即死と、一日か二日生き延びた場合で扱いが違うのは、故意と過失の差異かもしれない。

◉ 21章22節〜25節

男たちが取っ組み合いの喧嘩をして妊婦にぶつかり、流産になったが妊婦の命は無事だった場合、妊婦の主人が定める罰金を支払う。命に関わる事故であれば、命を与えなければならない。目には目を、歯には歯を、手には手を、足には足を、火傷には火傷を、切り傷には切り傷を、打ち傷には打ち傷を。

同害報復の原則が、適用される。挙げられているケースは、いかにも特殊にも思われる。

◉ 21章26節〜32節

牛が人間を突き、死んだ場合、牛は石で打ち殺される。肉は食べない。牛の持ち主は罰せられない。その牛が突く癖のある牛で、持ち主が不注意だった場合、牛を殺し、持ち主も殺される。もしも賠償金を課される場合は、それを払って命を贖う。牛が突いたのが息子や娘でも、この法による。牛が突いたのが奴隷であれば、奴隷の主人に銀三〇シェケルを払い、牛は石で打ち殺す。

銀三〇シェケルは、ひとりの奴隷が売買されるときの値段である。

◉ 21章33節〜36節

ある男が穴を開けたままか、蓋をせずにいて、牛かろばが落ちた場合、弁償しなければならない。死んだ牛かろばは自分のものになる。ある男の牛が別の牛を突いて死なせた場合、その牛を売り、代価を折半し、死んだ牛も折半する。しかし、もし突く癖の牛で持ち主が注意を怠った場合、持ち主が牛一頭分を完全に賠償する。死んだ牛は持ち主のものになる。

ケースの性質を周到に考えた法理であると思う。民事と刑事が、混ざり合っている。

読む

21章37節〜22章19節

◉ 21章37節

ある男が一頭の牛か小家畜を盗み、それを屠るか売った場合、牛一頭に対して五頭の牛で、一匹の小家畜に対して四匹の小家畜で、弁償しなければならない。

小家畜に比べて、牛のほうが、弁償の負担が少し大きめであることが注目される。小家畜の場合は生活に困っての微小罪なのに対して、牛の場合は金目当ての悪質犯だからだろうか。

◉ 22章1節〜3節

侵入中の泥棒が見つかり、打たれて死んでも、彼のために血は流されない。だが太陽が昇っていれば、彼のために血が流される。泥棒は完全に弁償しなければならない。何も持っていなければ、盗んだものの代わりに自分自身を売らなければならない。盗んだ牛やろばや小家畜が生きたまま見つかったら、二倍の弁償をしなければならない。

夜中の泥棒は危険なので、殺害しても正当で罪にならない。昼間の泥棒を殺害すれば、罪に問われる。泥棒が返済のため、自分を売って奴隷になる場合もある。盗んだ家畜が生きていれば、（死んだ場合の四〜五倍に対して）二倍を償う。

◉22章4節〜5節

ある男が畑で放牧し、家畜が他人の畑を食い荒らした場合は、自分の畑やぶどう畑の最上のもので弁償しなければならない。火が出て、穀物束や立ち穂や畑が焼けた場合は、火を出した者が完全に弁償しなければならない。

過失による損害は、弁償によって解決する、という規定である。刑事と民事が一体化している。

◉22章6節〜7節

ある男が別の男に銀や器物を預け、それが盗まれた場合、泥棒が見つかれば、泥棒が二倍の弁償をする。泥棒が見つからなかった場合、預かった男が神に、預かったものに手をつけなかったかどうか、明らかにしなければならない。

預かったものが盗まれた場合、責任を負わなくてよい、という規定である。しかしハムラビ法典は、預かった男に過失がなくても弁償責任があるとするという。日本の中世法では、質物が滅失した場合、債権と質物請求権とを相殺する、という規定がある。

◉22章8節

所有物に関する不法行為の場合に、牛であれ、ろばであれ、小家畜であれ、上着であれ、持ち主がこれだと言えば、両者の争いは神のもとに来なければならない。神が罪ありとした者は相手に二倍の弁償をしなければならない。

神のもとに争いをもちこむ、とは、具体的にどういうプロセスなのか、書いていない。

◉22章9節〜12節

ある男が別の男にろばか牛か羊か、家畜を預け、それが死ぬか足を折るか連れ去られるかして、目撃者がいない場合、ヤハウェへの誓いをする。家畜の持ち主はそれを受け入れ、預かった男は弁償しなくてよい。もしも彼のもとから実際に盗まれたのなら、持ち主に弁償しなければならない。野獣にひき裂かれたのなら、その証拠をもって来なければならないが、弁償はしなくてよい。

それぞれのケースについて、解決の方法が規定されている。合理的に考えられている。

◉ 22章13節～14節

ある男が別の男に頼んで家畜を借り、足を折るか死ぬかし、家畜の持ち主が共にいなかった場合、借り主は完全に弁償しなければならない。だがもし、持ち主がいたのなら、弁償しなくてよい。もし借り料を払って借りているなら、借り料は弁償の一部となる。不法行為ではなく事故であるから、一倍の補償になっている。

◉ 22章15節～16節

ある男が、嫁ぐ相手のまだ決まっていない処女を惑わし、寝た場合、花嫁料を完全に払って妻にしなければならない。もし彼女の父が、男に彼女を与えることを断固拒否するなら、銀を花嫁料に従って、量らなければならない。

このケースは、合意のうえの場合である。結婚するか否かは、女性の父が決める。結婚しない場合は、花嫁料（に相当する銀）が補償金となる。

◉ 22章17節～19節

女呪術師をあなたは生かしておいてはならない。動物と寝る者はすべて、必ず死ななければならない。神々のために犠牲を献げる者は、聖絶されなければならない。ヤハウェのためのものを除いては。

女呪術師は、英訳聖書で魔女（witch）と訳されたので、キリスト教世界で魔女裁判が広まった。「動物と寝る」とは、獣姦である。ヤハウェ以外の神に犠牲を献げることも、厳罰に処せられる。

読む

22章20節～30節

◉ **22章20節**

寄留者を圧迫し、虐げてはならない。なぜならあなたたちはかつてエジプトの地で、寄留者だったのだから。

寄留者（ゲーリーム）とは、よその土地からやってきて、一時滞在している人びとのこと。イスラエルの民は、はじめ、カナンの地でも寄留者であった。アブラハムの物語がそれを示している。寄留者への同情が、ユダヤ法の根底にある。

◉ 22章21節〜23節

寡婦や孤児を、圧迫してはならない。彼らが助けを求めて叫ぶなら、わたしは聞き届ける。わたしの怒りは燃え、あなたたちを剣で殺害し、あなたたちの妻が寡婦に、息子たちが孤児になる。

父親がいないと、（母親がいても）孤児であった。裁判には、自由人の男性だけが参加したので、寡婦や孤児は自分の立場を代弁する者がいなかった。

◉ 22章24節〜26節

もしあなたが銀を貧しい者に貸すなら、金貸しのようになってはならない。利子を課してはならない。隣人の上着を担保に取ることがあっても、日の入りまでに返しなさい。何にくるまって彼は寝ることができるだろう。彼が助けを求めて叫んだ場合、わたしは聞き届ける。わたしは憐れみ深いからである。

ユダヤ法は、同胞から利息をとることを禁止している。この点は、イスラム法と共通する。上着は、夜は寝具の代わりになった。上着が唯一の財産で、負債の担保にとったとしても、日没までに返すことを義務づけている。

◉ **22章27節〜30節**

神に侮蔑的な言葉を吐いてはならない。指導者を呪ってはならない。あなたの作物と酒船の汁を、惜しんではならない。息子のうちの長子を、わたしに与えなくてはならない。あなたの牛や小家畜も同様にしなさい。初子は七日間、母親と共にいてもよいが、八日目にはわたしに与えなさい。わたしにとって聖なる男たちでありなさい。野にある肉、引き裂かれたものを、食べてはならない。犬に投げ与えなさい。

収穫物を神に納めること、初子を神に献げること、を確認している。血抜きをしないで野原で横死したか野獣に襲われた動物の肉は、食べてはならない。

読む

23章1節〜19節

◉ **23章1節〜3節**

あなたは根のない噂を口にしてはならない。悪人と手を組んで暴虐に加担する証人となってはならない。多数に追従して悪を行なってはならない。訴訟で、多数に追従して、道をはずれて証言してはならない。社会的弱者を、彼の訴訟でえこひいきしてはならない。

裁判が、正義が実現すべき場所である、という強い信頼をみてとることができる。

◉ 23章4節〜5節

敵対者の牛やろばが道に迷っていたら、それを彼のもとに連れ戻しなさい。あなたを憎んでいる者のろばが重荷の下にうずくまっていたら、それを彼と共に助け起こしなさい。

なかなかできないことだが、互助の精神が強調されている。イエスの、善きサマリア人の話に通じるものがあるが、サマリア人は善意の第三者であり、ここではあなたを憎む者が困難に陥っている場合の話である。あなたを憎む者とは、訴訟で対立している者と思われる。

◉ 23章6節〜7節

乏しい者の権利を、彼の訴訟において曲げてはならない。偽りの事柄から遠ざかりなさい。無実の者や義しい者を、殺害してはならない。なぜなら、わたしは悪人を義しいとはしないからである。

神が正義を担保し、復讐することが含意されている。

◉ 23章8節

賄賂を、あなたは受け取ってはならない。賄賂は見える者の目を見えなくし、義しい者の言葉を歪めるからである。

賄賂がはびこっていた現実があると思われる。

◉ 23章9節

寄留者を、あなたは虐げてはならない。あなたたちこそ、寄留者の気持ちを知っているからである。

エジプトで寄留者の境遇にあったことが、再度、強調されている。

◉ 23章10節〜13節

六年間、あなたは土地に種をまき、収穫しなさい。七年目、土地を耕さずに放っておきなさい。乏しい者が食べ、その残りを野の生き物が食べる。ぶどう畑やオリーブ畑もそのようにしなさい。

六日間、仕事をし、七日目に休みなさい。牛やろばが休息し、女奴隷の息子や寄留者がひと息つくためである。
わたしの言ったすべてに、気をつけなさい。他の神々の名を唱えてはならない。
安息日に加えて、安息年の規定がおかれている。安息年は、弱者救済の意味があったようである。

◉ 23章14節〜16節

三度、巡礼祭を祝いなさい。種入れぬパンの祭りを祝いなさい。アビブの月に七日間、種入れぬパンを食べなさい。わたしの顔は、手ぶらでみられてはならない。それから収穫の祭り、そして、年の初めの穫り入れの祭りである。
年の初めは、昔、秋であった。

◉ 23章17節

年に三度、あなたのすべての男子は、主ヤハウェの前に出なければならない。

◉ 23章18節〜19節

あなたは、発酵したものに添えてわたしの犠牲の血を供えてはならない。わたしの祭りの脂肪が翌朝まで残ってはならない。初物の最上のものを、ヤハウェの家に持ってきなさい。子山羊を、その母の乳の中で煮てはならない。

最後の、山羊を乳のなかで煮てはならない、は異教の習慣の禁止と思われる。

読む

23章20節〜33節

◉ 23章20節〜24節

わたしは使いを遣わし、あなたを守り導く。使いの声に従い、反抗してはならない。彼の声に従い、わたしが告げることをすべて行なうなら、わたしはあなたに敵対するものに敵対し、相争う者たちと相争う。あなたをアモリ人、ヘト人、ペリジ人、カナン人、ヒビ人、イエブス人のもとに連れて行く。そして彼らを滅ぼす。彼らの神々に身をかがめてはならない。仕えさせられてはならない。あなたはそれを必ず破壊し、彼らの石柱をこなごなにしなさい。

20節から33節までは、契約の書が加えられてから編集の段階で、付加されたと思われる。石柱は、カナン宗教では神が一時的に宿る場所として拝まれ、ぶどう酒やオリーブ油をかける儀礼が行なわれた。

◉ 23章25節〜27節

あなたたちは、神ヤハウェに仕えなさい。そうすれば彼は、パンと水を祝福し、病気を取り除く。流産する女も子を産まない女もあなたの地にはおらず、あなたの生涯の日数をわたしは満たす。わたしの恐れをあなたの前に送り、あなたの敵が背を見せて逃げるようにする。

◉ 23章28節〜33節

わたしはヒビ人、カナン人、ヘト人をあなたの前から追い払う。少しずつ、わたしはあなたの前から追い払い続け、ついにあなたが子孫を残し、あなたがその地を継ぐようになる。わたしはあなたの領土を葦の海からペリシテ人の海まで、荒野から大河までとする。あなたは、彼らや彼らの神々と契約を結んではならない。あなたの地に彼らが住んではならない。なぜならあなたが彼らの神々に仕え、それがあなたにとって罠となるからである。

先住民を排斥するとしても、いっぺんにではなく、少しずつであること、そして、先住民と混住してはならないこと、混住は宗教の純粋性を損なうこと、がのべられる。多元性や寛容とは異なる価値観である。また、先住民を排除して領土とするのは、葦の海（アカバ湾か）からペリシテ人の海（地中海）まで、荒野（シナイ半島か）から大河（ユーフラテス河）まで、である。

シナイ山で、モーセは神ヤハウェから、十戒と詳細な律法の書とを受け取りました。これらの律法は、レビ記や申命記とともに、ユダヤ法の骨格をなすものです。

さて、この律法の内容をみると、エジプトを出て約束の地に向かう、部族制のイスラエルの民のためのものというよりも、すでに約束の地（カナンの一帯）に定着して農耕を営む人びとのためのものである、と言えます。たとえば、十戒の最後の命令である、隣人のものを欲してはならない、とは、定着して境を接して住む人びとの状況を前提にしています。

契約の書は、さらに詳細な規定を多く含みます。それらを検討すると、農耕が生活手段となり、貨幣経済が行き渡り、奴隷が存在し、紛争を裁判で解決し、巡礼祭を祝うような、農耕定着民の生活が浮き彫りとなっています。

以上をまとめると、十戒と契約の書は、農耕定着民の守るべき法律をまとめて、伝説的な民族の過去であるモーセの時代に投影したもの。モーセの時代に、ほんとうにそうした法律が制定された、と考えることには無理があります。たしかにヤハウェを中心にした、ユダヤ教の法律なのですが、それはカナンの地に定着しているあいだに徐々に成立して、律法集と言えるほどまでにかたちを整えたのでしょう。

＊

テキストを分析し、合理的に解釈すると、たしかに右のように言うことができます。でもそのいっぽう、ユダヤ教徒の人びとは、たしかにモーセがシナイ山で、神ヤハウェからこの十戒と律法の書を受け取ったのだと、信じてきたのです。それも、ユダヤ教の真実なのです。

モーセの律法は、この二つの見方の、交点にあります。

いっぽうで、モーセはもしかすると架空の存在で、その昔、ヤハウェの律法を受け取ったのだということになっている。実際には、ずっとあとの時代に成立した律法を、出エジプト記を編集するときに、カット・アンド・ペーストするようにしてもぐり込ませたものである。

もういっぽうで、モーセは、エジプトで奴隷状態に置かれたイスラエルの民を、救うために神ヤハウェが選んで遣わした偉大な預言者で、のちに約束の地カナンに入ってから必要になる律法の書を、ひと足先にシナイ山で授かったものである。

出エジプト記を読むとは、この両方の視点を組み合わせるようにして、そのテキストの立体的な構造を読み解くことなのではないでしょうか。

11 契約を結ぶ

……24章

契約の書を受け取ったモーセは、それを残らず書き記し、民の前で読み聞かせます。民は、それに従う、と約束します。モーセは犠牲の血をとって、これは契約の血であると言い、ヤハウェと民とのあいだに契約が結ばれたと宣言します。そのあと、長老たちは神といっしょに食事をとります。

神ヤハウェとのこの、距離の近さは、出エジプト記に特有のものです。

イエスは十字架で、血を流します。その前の最後の晩餐では、これは契約の血であるとして、ぶどう酒を一同と飲み交わします。血によって契約を結ぶという考えは、キリスト教にも受け継がれ、大事なテーマとなっています。

読む

24章1節〜18節

◉ 24章1節〜2節

ヤハウェはモーセに言った、ヤハウェのもとに上りなさい。あなたとアロン、ナダブとアビブ、イスラエルの長老七〇人。遠くから身をかがめ、モーセだけが近づくことができる。

ナダブとアビブは、アロンの息子である。この部分は、アブラハムがイサクを犠牲に献げようとする創世記の場面（22章）と、設定や状況を表わす語彙に、共通点が多い。

◉ 24章3節〜4節

モーセは、民に、ヤハウェのすべての言葉とすべての法を語り聞かせた。民は言った、ヤハウェのすべての言葉を、私たちは行ないます。ヤハウェはヤハウェのすべての言葉を書き記し、翌朝早く起きて、山の麓に祭壇をひとつ建て、イスラエルの一二部族のために一二の石柱を立てた。

モーセは、語り聞かせてから、書き記している。すべてヤハウェの言葉を頭に入れ、それを筆記したのである。筆記したものが、契約の書である。

祭壇と別に、一二の石柱を立てている。異教も石柱を立てるのだが、ヤハウェ信仰にも共通する部分がある。

◉ 24章5節〜8節

モーセは若者たちを遣わし、全焼の供犠を献げた。和解の供犠を献げ、若い牛たちを献げた。モーセは血の半分を鉢に入れ、もう半分を祭壇にふりかけた。モーセは契約の書をとり、民に読み上げた。民は言った、すべて聞き従い、行ないます。モーセは鉢の中の血を民の上にふりかけて言った、みよ、契約の血である、ヤハウェがあなたたちと結んだものだ。

契約の書を読み上げ、契約の血を注いだのだから、この契約は、モーセが仲立ちとなって、ヤハウェとイスラエルの民とのあいだで結ばれたものである。

なおアロンは、ここで何の役割も果たしていない。

◉ 24章9節〜11節

モーセとアロン、ナダブとアビブ、イスラエルの長老の七〇人は、イスラエルの神を見た。

その足は青玉の敷石の細工のようで、空のような澄み方であった。イスラエルの子らの主だった者たちに、神は手を伸ばさなかった。彼らは神を見て、食べて飲んだ。

神を見た者は死ぬ、というのが通常の考えなので、神を見て飲食するのは、聖書のなかでここだけである。もっとも、神の足がみえただけではある。実際に見たのではなく、神のイメージを思い浮かべただけだ、とする解釈もある。

◉ 24章12節〜14節

ヤハウェはモーセに言った、山を登って来なさい、石の板と律法と命令を与えよう。それらは、わたしが書き記したものである。モーセと従者のヨシュアは立ち上がり、モーセは山に登って行った。長老たちにモーセは言った、私たちがあなたたちのもとに戻ってくるまで、ここに留まりなさい。みよ、アロンとフルがあなたたちと共にいる。訴訟のある者は彼らに相談しなさい。

ヤハウェは、自分で言葉を書き記している。クルアーンが、ジブリール（ガブリエル）のささやくアラビア語を、人間が書き記したのとは、異なっている。

◉ 24章15節～18節

モーセは山に登った。雲が山を六日間覆った。ヤハウェの栄光の姿は、山の頂きにあって焼き尽くす火のようだった。モーセは四十日四十夜、山にいた。

モーセは雲のなかに隠れ、神と共にいた。四十日四十夜は、イスラエルの民がさまよった四十年、イエスが荒野で試みをうけた四十日と通じる。

ヤハウェはモーセに、それだけの時間をかけて、何を伝えたのでしょう。その一端は、以下の章で語られます。

コラム

十戒

十戒は、ヘブライ語で「十の言葉」という意味です。

中国語や日本語では、「戒」と訳されました。よい訳かどうか疑問です。「戒」は長く、仏教の修行の規定として用いられ、定着してきました。たとえば、在家の「五戒」とか、出家修行者の「具足戒」（二百五十戒）とか。宗教上の規定で、数も決めているので、似ているから「戒」と訳せばちょうどよいと思ったのでしょう。

在家の「五戒」は、つぎの通りです。不殺生戒（生き物の命を奪わない）、不偸盗戒（ものを盗まない）、不邪淫戒（乱れたセックスをしない）、不妄語戒（嘘をつかない）、不飲酒戒（酒を飲まない）。内容も、十戒と重なっているように思うでしょう。

＊

けれども、十戒は、仏教の戒律と、性質が根本的に違います。

仏教の戒は、修行の先輩（釈尊）が、後輩（弟子）に、修行の方法についてアドヴァイスを与えたものです。アドヴァイスなので、絶対に従わなければならないというものでもないし、従わなければ絶対に目的（成仏）が達成できない、というものでもない。戒に従うかどうかは自分の主体性の問題です。自分が意思して、そのやり方にコミットするから、修行が善行となり、価値あるものになるのです。修行が他律的であれば、そもそも修行になりません。

これに対して、「十戒」は、神の命令であるところに、本質があります。

神は、正しさの規準、善悪の規準です。神がそう命じるから、そう行動することは正しいのであり、神が禁止するから、そう行動してはならないのです。無条件に神の言葉に従うことが正しく、自分が正しいかどうか判断するのは、誤っています。アドヴァイスではなく、絶対の命令。これが、十戒です。

＊

十戒を、英語では、Ten Commandments と訳します。その意味が、よくわかる訳だと言うべきです。

コマンドとは、命令です。

英語には、いろいろな命令があります。オーダーも命令です。でもオーダーは、実行できなければ、断ることができます。たとえば、レストランのオーダー（注文）。材料が切れていれば、本日はあいにく出来ません、と言われてしまいます。

コマンドは、戦場で、司令官が部下に発する、戦闘命令です。突撃！

突撃と言われたら、突撃しないわけには行きません。無条件の命令です。もしも突撃せずにもたもたしていると、命令不服従で、サーベルで斬り殺されたり、ピストルで撃ち殺されたりするでしょう。将校は命令に従わない兵を殺害するために、サーベルやピストルを携帯しているのです。

神の命令は、これと同じコマンドです。従わなければ、命を奪われても文句は言えない、絶対の命令です。仏教の戒のような、生ぬるいものだと思っては、いけないのです。

＊

十戒を並べてみると、以下のようです。

唯一の神を信仰しなければならない。
偶像をつくってはならない。
神の名をみだりに唱えてはならない。
安息日を守らなければならない。
父母を敬わねばならない。
人を殺してはならない。
姦淫を犯してはならない。
盗んではならない。
隣人について偽証してはならない。
隣人のものを欲してはならない。
（十戒の数え方には、教会や教派によって、少し違いがあります。）

これらは、世界によくある宗教的な規定と似ているようですが、たとえば、九番目の偽証の禁止の規定は特徴的です。

仏教の不妄語戒は、嘘をついてはいけない、ですが、状況が特定されていません。社会生活のなかで、「なるべく」嘘をついてはいけない、です。社会生活は嘘もその一部に織り込まれていますから、嘘をつかないのはほぼ不可能です。だから不妄語戒の本質は、アドヴァイスにしかなりません。

それに対して、十戒の偽証の禁止は、法廷で、と状況が特定されています。ふだん嘘をついている人も、法廷で、宣誓して証言するときには、嘘をついてはいけない。これが神の命令で、神に対する義務なのです。これなら、真実を語る可能性が、高まるでしょう。

このように、十戒は、神の絶対の命令で、人びとを拘束し、社会関係を構築する力が強いのです。契約によって社会を構成するという、近代社会の大枠が与えられたのは、モーセの十戒によるのだと、言ってもよいのです。

12 聖所と祭儀の指示

……25章〜31章

以下、31章までにわたって、聖所のつくり方についての、ヤハウェの詳細な指示が延々とのべられます。加えて、祭司たちの服装や、祭具、そのほかも、詳しく記述されます。

読むにつれ、その詳しさに圧倒されますが、同時に、いったいこれはどういう目的をもったテキストなのだろうという疑問が浮かびます。

ひとつわかるのは、これが「仕様書」だということです。なにかをこれからつくる場合、設計図や、全体の寸法や材料、細部の仕上げにいたるまで書き込んである仕様書をつくります。具体的な作業を行なう職人や労働者たちに、なにをすればいいか指示するためです。

こういう仕様書は、王国のような権力組織が成立し、王宮や神殿や城郭といった公共空間が大々的に建設されるようになってからのものです。仕様書は、あったかもしれないが、それは石造の大きな神殿が、エルサレムに聳えていた時代にふさわしいものです。それが時代を遡って、エジプトを脱出し、荒野をさまようイスラエルの民に与えられます。折り畳み式のポータブルな聖所、の仕様書として。この時代には職人も労働者も、材料も、作業チームもまだ存在しないのに。

ということは、聖所が実際に組み立てられ、存在したのだろうか、いやそもそも聖所は、荒野をさまようイスラエルの民に、必要だったのだろうか、という疑問に通じます。

＊

出エジプト記のロジックをたどれば、聖所が必要なのは、以下のような順番です。イスラエルの民は、モーセの導きにより、エジプトを脱出しました。ヤハウェの臨在（雲と炎）に守られ荒野を進みました。そして、ヤハウェの本拠地である、シナイ山に達します。ここでイスラエルの民は、十戒と契約の書を受け取り、ヤハウェと契約を交わしました。正式に、ヤハウェを神と定め、ヤハウェの選ばれた民となりました。このあと、イスラエルの民は、約束の地を目指して進むときも、約束の地に入って国づくりを進めるときも、神ヤハウェとともにあるべきなのです。そこで、移動を続けるイスラエルの民が、神ヤハウェと共にあるために、ポータブルな神殿である、聖所が必要なのです。

この論理は、出エジプト記のうえからたどれるとしても、また、人びとにそう信じられてきたことであるとしても、ユダヤ教が始まりかけの当時のイスラエルの民の実態とは、かけ離れていたろうと思います。

＊

聖書学者が、そして聖書考古学者が明らかにしてきたことをまとめると、系譜由来のまちまちないくつもの集団（イスラエル十二部族）が、神ヤハウェを掲げて同盟をつくり、カナンの低地に徐々に定着していった当時、社会は部族制を色濃く残しており、族長たちがめいめい祭壇をつくり、石柱を立て、犠牲を献げ、神を拝んでいました。だいぶ時間が経ってから、シロなどに聖所がつくられ、専ら祭祀にたずさわる祭司階級の人びとが現れます。ヤハウェの台座が神の徴として、戦場に持ち込まれることもありましたが、敵に奪われ、戻ってきて、「契約の箱」と考えられるようになりました。そして、ダビデ王の手で、エルサレムに運びこまれます。その子、ソロモンは、それを収める神殿を建てました。神殿ができてから、各地の祭壇や聖所は、取り除かれます。

こうした経緯は、旧約聖書の書物の、記述の端々に残されています。

出エジプト記を含むモーセ五書が編纂されたのは、ダビデ王朝が外敵の圧迫で危機を迎える時期、バビロン捕囚の直前でした。神殿が、破壊され、失われるかもしれないのです。当時、征服された多くの異国では、同様の悲劇が起こっていました。出エジプト記の記事は、こうした状況を反映している、と考えるべきなのです。

＊

では、出エジプト記が、聖所の建設を命じているのは、なぜでしょう。

それは、ずばり、文字の上で神殿をつくることです。

文字の上で、神殿をつくることができれば、現実の神殿が破壊されたとしても、信仰を維持することができます。まして、文字の上の神殿（聖所）は、現実の石造りの神殿よりも先に、シナイ山で神ヤハウェに命じられたのだとすれば、なお安心です。神殿がなくても、ヤハウェ信仰はびくともしないのですから。

出エジプト記があるから、神殿が壊れても大丈夫。これが、聖所の建設を細かく指示するこの箇所の、言いたいことだと思います。

＊

このことは、ユダヤ教の性格に、特徴的な二重性を与えます。

いっぽうでユダヤ教は、特殊です。ユダヤ民族は選ばれた民で、カナンの地と結びついており、独特の風俗や習慣をもっています。ヤハウェの神殿で、犠牲を献げなければなりません。思い切りローカルで、こういう宗教は、世界に拡がることができません。もしもこういう、ただローカルな宗教を信じる人びとが、世界に散らされたとしたら、彼らの宗教も、民族の独自性も、たやすく失われてしまうでしょう。

もういっぽうでユダヤ教は、抽象的で、普遍的です。神ヤハウェは、天地と世界の民族を造りました。犠牲を献げなくても、信仰をもたなくても、神ヤハウェは世界の民族を支配しているのです。イスラエルの民は、その神と、契約を結びました。契約を守ってさえいれば、神殿がなくなろうと、自分たちは物理的にどの場所にいようと、信仰は保たれるのです。

実際にユダヤ民族を襲った運命は、後者でした。彼らは、平和に安全に、神殿とともに、彼らのホームランドにい続けられたわけではありません。世界に散らされ、荒野をさまよったイスラエルの民のように、苦難の道を歩んだのです。それを耐えしのぶことができたのは、彼らが聖所を与えられたから、そして、契約の書を与えられたから、です。聖所が与えられた、とは、現実の神殿が奪われても大丈夫だ、ということです。

＊

ユダヤ教は、いまも、特殊性と普遍性のあわさった宗教として、存在しています。そして、その普遍性から、キリスト教とイスラム教が生まれました。

キリスト教は、神殿をもちません。イエス・キリストが、その代わりです。イエスはやがて再来して、世界の中心になります。その日まで、イエスは不在でもよいのです。

イスラム教は、メッカのカーバ神殿をもっています。そしてそれは、すべての人類の、普遍的な中心です。神殿は、神聖な中心ですが、しかし、神アッラーはそこにいるわけではありません。特殊性と普遍性は、やはり不思議な仕方で、結びついているのです。
そうした基本性格を与えたのが、出エジプト記、とりわけこの部分の記述だと言えるでしょう。

読む

25章1節～40節

◉ 25章1節～9節

ヤハウェはモーセに言った、イスラエルの子らに奉納物を寄進させなさい。すなわち、金、銀、青銅、青と紫と緋色の糸、亜麻糸、山羊の毛糸、赤くなめした雄羊の皮、タハシュの皮、アカシアの木材。灯明の油、油にいれる香料。エフォドなどにつける紅玉髄などの宝石類。こうして彼らに聖所をつくらせなさい。そうすればわたしはそこに宿る。わたしのデザインどおりにつくりなさい。

タハシュは水中動物で、ジュゴンかイルカの類（協会共同訳、新共同訳、口語訳はみな「じゅごん」とする）。エフォドは祭司の衣裳で、後出する。

エジプトからあわてて脱出した人びとが、これらの材料を都合よく持ち合わせていたとは考えにくい。

聖所は、英語ではTabernacle（タバーナクル）という。

◉ 25章10節〜16節

アカシアの木材で箱をつくらせなさい。長さ二アンマ半、幅一アンマ半、高さ一アンマ半である。純金で上張りし、その上に金の飾り縁をつけなさい。四つの金環を鋳造し、四つの脚部の上につけなさい。アカシアの木材で二本の棒をつくり、両側の金環に通して担げるようにしなさい。棒は、通したままにしておく。箱のなかには、わたしが与える証書を収めなさい。

箱は、いわゆる契約の箱である。アンマは、もともと肘から中指先までの長さで、約四五センチメートルである。

◉ 25章17節〜22節

純金で贖いの蓋をつくりなさい。長さが二アンマ半、幅が一アンマ半。また、二つの金のケルブをつくりなさい。蓋の両端から、それを鍛造しなさい。ケルブは、上方に向けて両方の翼を広げ、蓋の上を覆うようにする。またケルブたちは、互いに顔を向け合うようにする。その蓋を箱の上につけ、箱の中に証書を収めなさい。わたしはそこであなたに会見し、ケルブたちの間からあなたに語りかけて、すべてのことを告げるであろう。

ケルブの複数形は、ケルビムである。ケルブは、エデンの園のアダムとエバが追い出されたとき、見張りとしてその入り口に置かれた。顔が人間で胴体はライオンで、翼がある。スフィンクスと同じものだと思われる。

◉ 25章23節〜30節

アカシア材で、卓台をつくりなさい。長さが二アンマ、幅が一アンマ、高さが一アンマ半。純金で上張りし、周囲を囲む金の飾り縁をつくりなさい。周囲を囲む幅一トファハの枠をつくりなさい。その枠の周囲にも金の飾り縁をつくりなさい。四つの金の環をつくり、卓台の四本の足の四隅にとりつけなさい。卓台を担いで運ぶ棒を通す支えとする。二本のアカシアの棒をつくり、金で上張りしなさい。鉢とひしゃくと壺と水差しをつくりなさい。それらを純金でつくりなさい。卓台の上にはつねにパンが供えてあるようにしなさい。

卓台の上のパンは、ダビデが安息日に食べたパンである。ちなみにサムエル記上21章4〜7節には次のようにある。

「……ところで、お手もとに何かありませんか。パン五個でも、何か、ある物をいただけるとよいのですが」。

するると祭司はダビデに答えて言った、

「普通のパンは手もとにありませんが、聖別されたパンならあります。ただし、〔お供の〕若者たちが女から遠ざかっていればのことですが」。

ダビデは祭司に答えて言った、

「私が出かけて以来、私たちはずっと女を遠ざけています。若者たちの器は聖別されています。普通の旅の際でもそうですから、まして今日、〔特別の任務についた彼らの〕器が聖別されているの〔は確か〕です」。

そこで祭司はダビデに聖〔別されたパン〕を与えた。というのは、取り替えの日〔だったの〕であたたかいパンと取り替えられて、ヤハウェの前から取り下げた供えのパンのほかに、パンはなかったからである。

メノラー

◉ 25章31節〜40節

純金のメノラーをつくりなさい。打ち出し細工で鍛造しなければならない。受け皿も萼も花弁も、継ぎ目なしであること。両側に三本ずつの枝が出ているようにする。メノラーに据えるランプを七つつくりなさい。メノラーの芯切り鋏と灰受け皿を純金でつくりなさい。すべての備品は一キカルの純金でつくらなければならない。

メノラーは、ユダヤ教を象徴するランプ台である。キカルは、重さの単位で、三四・二キログラム。

読む

26章1節〜37節

◉ 26章1節〜6節

宿り場を、一〇枚の布でつくりなさい。撚り合わせた亜麻糸、青と紫と緋色の糸を用いて、ケルブの刺繍を施しなさい。一枚の布は長さ二八アンマで、幅は四アンマ。五枚の布は縫い合わせて一組にし、青糸で輪をつくり、端にある布の縁に取り付けなさい。いっぽうの布のへりに五〇の輪、もういっぽうにも五〇の輪をつくりなさい。五〇の金の留め金をつくり、布を互いに繋ぎ合わせれば、ひとつの宿り場ができる。

◉ 26章7節〜14節

山羊の毛糸で布をつくりなさい。宿り場を覆う天幕にするためで、一一枚つくりなさい。一枚の長さは三〇アンマ、幅は四アンマで、五枚を縫い合わせ一組にし、他の六枚も縫い合わせて一組にしなさい。後者の六枚目を、入り口のところで二重に折り返しなさい。端の一枚のへりに五〇の輪を、もう一方のへりにも五〇の輪をつくり、五〇の青銅の留め金をつくり、留め金を輪に通して、天幕をひとつに繋ぎ合わせなさい。天幕の布の余りは、宿り場の後ろ側に垂らしなさい。天幕の布の長辺で、一アンマずつ余る分も、両側面を覆うように垂らしなさい。赤くなめした雄羊の皮で天幕の覆いをつくり、タハシュの皮でさらにその上の覆いをつくりなさい。

◉ 26章15節〜25節

宿り場の骨組みをつくるため、アカシアの木材で木枠をつくりなさい。木枠の長さは一〇アンマ、幅は一アンマ半とする。木枠には二本のほぞがあって、互いに繋ぎ合わせるようにする。

南側の側面のためには二〇の木枠、その下に四〇の銀の台座をつくりなさい。北側の側面にも二〇の木枠を、西側の側面には六つの木枠を、つくりなさい。また、宿り場の奥の部分の両隅の支えとして、二つの木枠をつくりなさい。下側では離れているが、上部ではひとつの環で木枠と接合するようにする。

西側が奥にあたるので、宿り場の入り口は、東を向いていることになる。ソロモンの神殿も東を向いていた。東側は入り口なので、木枠は並べられないようである。

◉ 26章26節〜30節

アカシアの木材で横木をつくりなさい。側面に並ぶ木枠のための横木が五本ずつ、奥の側面に並ぶ木枠のための横木が五本、である。中央の横木は、端から端まで届くようにする。木枠に金で上張りをしなさい。金の環をつくって、横木を通す支えとしなさい。このやり方の通りに、宿り場を建てなさい。

◉ 26章31節〜35節

青と紫と緋色の糸、撚り合わせた亜麻糸を用いて、垂れ幕をつくりなさい。ケルブの刺繍を施したものとする。その垂れ幕を、金の鉤をもち四つの銀の台座の上に立つ、金の上張りをしたアカシア材の四本の支柱に垂らしなさい。垂れ幕の内側に、証書の箱を運び入れなさい。垂れ幕が、聖所と至聖所の仕切りになるようにする。箱に贖いの蓋を取り付け、垂れ幕の外側の北側の側面に卓台を置き、卓台の向かい側にあたる宿り場の南側の側面に、メノラーを置きなさい。

証書の箱は、英語では、the Ark of Testimony である。

◉ 26章36節〜37節

青と紫と緋色の糸、撚り合わせた亜麻糸を用いて、天幕の入り口の帳をつくりなさい。色とりどりの刺繍を施しなさい。帳のために、五本のアカシアの支柱をつくり、金で上張りをしなさい。支柱につける、帳を掛ける鉤は、金製とする。支柱のために、青銅で五つの台座を鋳造しなさい。

読む

27章1節～21節

◉ **27章1節～8節**

アカシアの木材で祭壇をつくりなさい。縦が五アンマ、横も五アンマ、高さは三アンマである。四隅に角をつくりなさい。角は本体から継ぎ目なしでできていること。祭壇全体に、青銅で上張りをしなさい。灰受け用のバケツ、十能、鉢、肉刺し、灰受け皿を、すべて青銅でつくりなさい。網格子を、祭壇の下のほうにある突起の下に取り付け、網格子が祭壇の中程に位置するようにしなさい。その祭壇のために、アカシア材で、青銅で上張りした、二本の棒をつくりなさい。二本の棒は側面の環に通し、祭壇を担いで運ぶ際に、棒が両側にあるようにする。祭壇を、中が空洞になるように、板を組み合わせてつくりなさい。

◉ **27章9節～19節**

宿り場の中庭をつくりなさい。南側には、撚り合わせた亜麻糸で織った中庭用の幔幕。一辺の長さが一〇〇アンマ。それを張るための青銅の二〇本の柱と二〇の台座、および柱につける銀の鉤と桁。同様に、北側にも長さ一〇〇アンマの幔幕、青銅の二〇本の柱と二〇の台座、柱につける銀の鉤と桁。中庭の短辺をなす西側の側面には、五〇アンマの幔幕。それらを張るための一〇本の柱と一〇の台座。中庭の短辺をなす東側の側面には、五〇アンマの幔幕、入り口の脇には、一五アンマの幔幕、それを張るための三本の柱と三つの台座。もういっぽうの脇にも、一五アンマの幔幕と、三本の柱と三つの台座。中庭の門のためには、二〇アンマの帳。これは、青と紫と緋色の糸と撚り合わせた亜麻糸でつくられ、色とりどりの刺繍を施したもの。帳をかけるための四本の柱と四つの台座。中庭を囲むすべての柱には、銀の桁と銀の鉤と青銅の台座を取り付ける。中庭の長さは一〇〇アンマで、幅は両辺とも五〇アンマ。幔幕は高さが五アンマ。宿り場のすべての備品は、すべての杭や中庭のすべての杭を含めて、いずれも青銅製。

中庭を含む聖所の全体の構造は、ソロモンの神殿をかたどった、ミニチュアになっているように思われる。

◉ **27章20節～21節**

イスラエルの子らに命じて、オリーブを砕いて取った油を持参させなさい。それは、灯明のためである。会見の幕屋の、証書の箱の前にある垂れ幕の外側では、アロンとその子らが、夕方から翌朝まで、ヤハウェの前でその灯明の番をしなければならない。これは、イスラエルの子らが代々に守るべき永遠の掟である。

読む

28章1節～43節

◉ **28章1節～5節**

アロンとその子のナダブ、アビブ、エルアザル、イタマルをあなたのもとに連れて来て、祭司としてわたしに仕えさせなさい。アロンのために、わたしが知恵の霊を満たした人々に告げて、威厳と華やかさをもった祭服をつくらねばならない。彼を聖別して、わたしに仕えさせるためである。すなわち、胸当て、エフォド、外衣、市松模様の上着、ターバン、飾り帯。彼らは、金、青、紫、緋色の糸と亜麻糸を受け取る。

エフォドは、大祭司の装束の一部だが、正確なかたちは不明。ベストかエプロンのようなものという。神託占いの道具である、ウリムとトンミムを収めた胸当てを、エフォドにつける。

ウリムとトンミムは、神託に用いるくじ。大祭司の胸当てに入れられた。形や用法は不明である。無作為にひとつを引いて、どちらが出るかで占ったらしい。

◉ **28章6節〜14節**

金、青、紫、緋色の糸と撚り合わせた亜麻糸を用いて、刺繍を施したエフォドをつくる。二本の肩紐をつける。エフォドにつける付け帯は、同じ織り方でつくる。二つの紅玉髄をとり、イスラエルの子らの名前を彫り込みなさい。それらの石を、金の線状細工の枠にはめこみなさい。それをエフォドの肩紐に取り付けなさい。また、金の線状細工の枠をつくり、二本の純金の鎖をつくり、撚り合わせて組紐のようにし、線状細工の枠に取り付けなさい。

◉ **28章15節〜20節**

裁定の胸当てを、エフォドと同じ織り方でつくりなさい。正方形で、二重になっていて、縦も横も一ゼレトである。そこに宝石をはめ込み、四列になるようにしなさい。紅玉、黄玉、緑柱石が第一列、孔雀石、青玉、硬玉が第二列、黄水晶、瑪瑙、紫水晶が第三列、黄玉石、紅玉髄、碧玉石が第四列である。いずれも金の線状細工の枠にはめこまれる。それらの宝石はイスラエルの子らを表わし、一二ある。印章のように、一二氏族の名前が彫り込まれている。

ゼレトは、広げた親指から小指の先までの長さで、二分の一アンマである。

◉ 28章21節〜25節

胸当てのために、純金で組み紐のように撚り合わせた鎖をつくりなさい。また、金で環をつくり上部の両端に取り付け、鎖を通しなさい。鎖の両端を、線状細工の枠に結びつけ、それらをエフォドの肩紐の前側に取り付けなさい。

◉ 28章26節〜30節

別に二つの金の環をつくり、胸当ての下部の両端に取り付けなさい。また二つの金の環を、エフォドの肩紐の下のほうの前側に取り付けなさい。青い撚り糸で、胸当ての環とエフォドの環を結び合わせ、ずれないようにしなさい。アロンは聖所に入る際、イスラエルの子らの名前を担っていく。ヤハウェの前で覚えられるためである。また、裁定の胸当てのなかに、ウリムとトンミムを入れなさい。それはアロンの心臓の上にあることになる。

◉ 28章31節〜35節

青い糸だけを用いて、エフォド用の外衣をつくりなさい。中央に首を通す穴をあけ、手織りの襟で囲みなさい。青、紫、緋色の糸でざくろの形をつくり、すその周囲をめぐらせなさい。また、間に、金の鈴をつけなさい。鈴は、アロンが聖所を出入りするときに、音が出るようにし、アロンが死ぬことがないようにする。

◉ 28章36節〜38節

純金で徽章をつくり、印章のように、「ヤハウェに属する聖なる者」と彫り込みなさい。その徽章に青い撚り糸を結びつけ、ターバンの正面につけなさい。それがアロンの額のうえにあるようにして、イスラエルの子らが奉献する供物にまつわる罪責を、アロンが取り除くようにする。

◉ 28章39節

亜麻糸で上着を、市松模様に織りなさい。亜麻糸でターバンをつくりなさい。色とりどりの刺繍をした飾り帯をつくりなさい。

◉ 28章40節〜43節

アロンの子らのためにも上着をつくりなさい。飾り帯と頭巾もつくりなさい。これらのもののを兄アロンと彼の子らに着せなさい。そして彼らに油を注ぎ、聖別しなさい。彼らは祭司としてわたしに仕えるようになる。彼らに亜麻糸でズボンをつくり、陰部を覆うようにしなければならない。ズボンは、腰からももまでの長さのものとする。アロンとその子らは、会見の幕屋に入る際や、聖所で務めを果たすため祭壇に近づく際は、必ずそのズボンを着用しなければならない。彼らが罪責を負って、死ぬことがないようにするためである。これは、アロンと彼のあとに続く彼の子孫にとっての、永遠の掟である。

祭司に叙任するため、モーセは油を注いでいる。

読む

29章1節〜46節

◉ **29章1節〜3節**

雄牛一頭、雄羊二頭、完全体のものを用意する。種入れぬパン、パン種を入れず油を練り込んだケーキ、パン種を入れず油をぬったウエハースも用意する。それらを籠に入れて供え、牛と羊を進み出させなさい。

◉ 29章4節〜9節前半

アロンとその子らを会見の幕屋の入り口に進み出させ、水で洗い浄めなさい。それから祭服をとり、アロンに上着、エフォド用の外衣、エフォド、胸当てを着せ、帯を締めさせなさい。ターバンを巻き、聖なる冠をつけなさい。油をかけて、彼を油注がれた者としなさい。アロンの子を進み出させ、上着を着せ、飾り帯を締め、頭巾を被らせなさい。そうすれば、永遠の掟により、祭司職が彼らのものになる。

祭司職につく資格は、特別の能力や訓練ではなく、身分と血統（レビ族の一員で、モーセの兄弟であり、その子であること）、そして、祭服を身につけ、儀式を受けること、で与えられることになっている。この条件に合わない人びとを、祭司職から排除することでもある。

◉ 29章9節後半〜14節

雄牛を会見の幕屋の正面に進み出させ、アロンと彼の子らは手を雄牛の頭に押しつける。あなたは、ヤハウェの前、会見の幕屋の入り口で、雄牛を屠りなさい。雄牛の血の一部を、祭壇の四隅の角に塗り付けなさい。残りを、祭壇の基部に流しなさい。内蔵を覆っている脂肪のすべてと、肝臓の尾状葉、および二つの腎臓とそれらに付着している脂肪を取り、祭壇で焼いて煙にしなさい。雄牛の肉と皮、内臓から出た汚物は、宿営地の外に運んで、火で焼き捨てなさい。これは、浄罪の供犠である。

尾状葉は、肝臓から突き出た突起で、オリエント世界で占いに用いた。通常なら浄罪の供犠は、祭司に食料として与えられるが、祭司自身の浄罪のために献げられる場合は、その肉を食べてはならず、焼き捨ててしまう。

◉ 29章15節～18節

いっぽうの雄羊の頭に、アロンと彼の子らは、手を押しつける。あなたはその雄羊を屠り、その血を祭壇の側面にかけなさい。雄羊を解体し、内臓とすねの部分を洗い、各部分および頭と一緒に供えなさい。雄羊全体を祭壇で焼いて煙にしなさい。ヤハウェへの全焼の供犠である。ヤハウェへの宥めの香りであり、火に焚く供物である。

動物全体を焼き尽くすのは、もっとも厳粛な供犠の儀式。いわゆるホロコースト（燔祭）である。

◉ 29章19節～26節

もういっぽうの雄羊の頭に、アロンと彼の子らは、手を押しつける。あなたはその雄羊を屠り、その血の一部を、アロンと彼の子らの右の耳たぶ、右手の親指と右足の親指に、塗り付けなさい。残りの血を祭壇の周囲の側面にかけなさい。祭壇の上に残っている血の一部と注ぎ油の一部をとって、アロンと彼の子らの祭服に振りかけなさい。彼らの祭服は聖なるものとなる。雄羊から脂尾と内臓を覆っている脂肪、肝臓の尾状葉、二つの腎臓とそれに付着している脂肪と右の大腿部を取り分けなさい。ヤハウェに供えられたパン種を入れないパンの籠から、丸パン一つ、油を混ぜたケーキ一つ、ウエハース一枚をとり、アロンと彼の子らの手の平に置き、ヤハウェの前で差し上げなさい。それを彼らから取って、祭壇で焼いて煙にしなさい。ヤハウェへの宥めの香りとなる。また胸部をとり、ヤハウェの前で差し上げなさい。それは、あなたの取り分となる。

通常の和解の供犠では、右の大腿部は祭司に与えられる。胸部は、肋骨とその周りの肉。通常の和解の供犠では、胸部は、祭司の取り分となる。次を参照。

◉ **29章27節～28節**

あなたは、差し上げる供物としての胸部と、差し上げた上で献げられた右の大腿部を、聖別しなさい。それはアロンと彼の子らにとって、イスラエルの子らからの永遠に定められた分け前となる。それは、謝儀(協会共同訳「献納物」)である。それは、和解の犠牲からとられる。

◉ 29章29節～30節

アロンの祭服は、後を継ぐ子らのものとなる。彼に代わって祭司となる者は、七日間にわたってそれを身につけ、会見の幕屋に入って務めを果たさねばならない。

◉ 29章31節～34節

雄羊の肉をとって聖域で煮なさい。アロンと彼の子らは、会見の幕屋の入り口で、その肉と籠に入ったパンの類を食べる。部外者は、食べてはならない。もし一部が朝まで残ったら、それらを火で焼き尽くしなさい。

◉ 29章35節～37節

あなたは、七日間かけて、彼らの手を満たす儀式を行ないなさい。毎日、浄罪の供犠の雄牛を献げなさい。また、祭壇に油をかけて聖別しなさい。そうすれば、その祭壇はもっとも聖なるものとなり、その祭壇に触れたものは何であれ、すべて聖なるものとなる。

祭壇が聖なるものとなると信じられたので、逃亡する政治犯が祭壇にしがみつくことがあった。

◉ 29章38節～42節前半

あなたが祭壇の上で献げるべきものは、つぎの通り。一歳の雄の小羊を二匹。朝一匹、夕暮れにもう一匹。一〇分の一エファの小麦粉にオリーブ油四分の一ヒンを混ぜたものと、四分の一ヒンのぶどう酒の灌奠《かんてん》を、第一の雄羊（と一緒）にそなえなさい。あなたたちが代々、会見の幕屋の入り口で献げるべき、日ごとの全焼の供犠である。

エファは、二三リットル。ヒンは約三・八リットル。灌奠は、液体の供物のこと。

◉ 29章42節後半～46節

わたしは幕屋であなたと会見し、イスラエルの子らと会見するだろう。わたしは会見の幕屋と祭壇を聖別する。アロンと彼の子らを聖別し、祭司としてわたしに仕えさせる。わたしはイスラエルの子らの只中に宿り、彼らの神となる。そうすれば彼らは、わたしが彼らをエジプトから導き出した彼らの神であることを知るであろう。

読む

30章1節〜38節

◉ 30章1節〜5節

あなたはまた、香を焚くための祭壇を、アカシアの木材でつくりなさい。縦一アンマ、横一アンマの正方形で、高さは二アンマとする。四隅から角が継ぎ目なしで出ている。純金で上張りをし、金の飾り縁をしなさい。二つの金の環をつくり、両側につくりなさい。それちは、香の祭壇を担いで運ぶ棒を通す支えとなる。アカシアで二本の棒をつくり、金で上張りをしなさい。

◉ 30章6節〜10節

香の祭壇を、証書の箱の前にある垂れ幕の正面に据えなさい。アロンは毎朝、ランプを整える際に、その上で薫香を焚く。これは、代々ヤハウェの前に献げるべき、日ごとの香である。その祭壇の上で、異種の香を焚いてはならず、全焼の供物も穀物の供物も献げてはならない。

灌奠をその上に注いでもならない。アロンは年に一度、儀式用の浄罪の供犠の血を用いて、その祭壇の角のために贖いの儀式を行なう。

◉ 30章11節〜16節

ヤハウェはモーセに告げて言った、イスラエルの子らの人口を調査して、台帳に登録するとき、各人が自分の命のための贖い代をヤハウェに支払うようにしなさい。これは、登録される際に、災いが下らないようにするためである。台帳に記入された二〇歳以上のものはすべて半シェケルを、ヤハウェへの奉納金として献げなければならない。富裕な者が半シェケル以上献げることや、貧しい者が半シェケル以下を献げることがあってはならない。あなたはそれらを、会見の幕屋の建造の費用にあてなさい。

贖い代とは、もともとの法律用語では、死刑を宣告された罪人が命の引き換えに支払う賠償金、のこと。古代イスラエルでは、人口調査は不吉なことで、災いをもたらすと考えられていたらしい。人口調査はしばしば、徴税や徴兵を目的とするからである。富裕な者と貧しい者の奉納金に差がないのは、神の前での平等をあらわす。

◉ 30章17節〜21節

ヤハウェはまた、モーセに言った、洗い浄めのために、青銅の洗盤とそれを載せる青銅の台をつくりなさい。会見の幕屋と祭壇の中間に据え、水を入れなさい。アロンとその子らは、彼らの手と足を洗い浄めねばならない。彼らが死ぬことがないようにするためだ。これは彼らにとって永遠の掟であって、アロンとその子孫が代々守るべきものである。

◉ 30章22節〜33節

ヤハウェはまた、モーセに言った、上質の香料を用意しなさい。凝固した没薬を五〇〇、芳香性のシナモンを二五〇、芳香性の菖蒲を二五〇、桂皮を五〇〇（神殿の）シェケル、オリーブ油を一ヒンである。それらを練り鉢で調合して、聖なる注ぎ油をつくりなさい。それを、会見の幕屋と証書の箱、卓台とその備品、メノラーとその備品、香の祭壇、全焼の供犠の祭壇とその備品、洗盤とその台、に注いで聖別しなさい。アロンとその子らに油を注ぎ、彼らを聖別して、祭司としてわたしに仕えさせなさい。また、イスラエルの子らに言いなさい。これは代々、聖なる注ぎ油となる。決して一般人の体に塗ってはならない。決して同じようなものを調合してはならない。同じようなものを調合する者や部外者に注ぐ者は、一族のなかから絶たれるであろう。

没薬は、芳香性の樹脂。神殿では、商用のシェケルと違った（少し重い）単位があったらしい。

◉ 30章34節〜38節

ヤハウェはまた、モーセに言った、あなたは香料、すなわち、みな同じ量のバルサム、シェヘレト、楓子香と、純粋な乳香を用意し、調合して香をつくりなさい。それを粉末にして、証書の箱の正面に供えなさい。同じ調合で、私用の香をつくってはならない。同じようなものをつくる者は、一族のなかから絶たれるであろう。

読む

31章1節〜18節

◉ 31章1節〜11節

ヤハウェはまた、モーセに告げて言った、わたしはユダ部族でフルの孫でウリの子であるべツァルエルを指名した。彼に神の霊を満たし、知恵と能力と知識と技術とを授けた。金製、銀製、青銅製の品をつくり、宝石を彫琢して象嵌したり、木材の彫り物をするなど、あらゆる仕事をするためである。また、ダン部族のアヒサマクの子オホリアブを助手に定めた。また、心に知恵あるすべての人々に、ここまでにわたしが命じたすべてをつくりだす知恵を授けた。わたしが命じた通りに、これらをつくらせなさい。

◉ 31章12節〜17節

ヤハウェはまた、モーセに言った、イスラエルの子らに告げなさい、心して安息日を守りなさい。それは代々にわたる徴であるから。それを冒涜する者は必ず死ななければならない。この日に仕事をする者は、自分の一族のなかから絶たれねばならない。イスラエルの子らは代々にわたって、この安息日を永遠の契約としなさい。かつてヤハウェが六日間で世界をつくり、七日目には安息をとったからである。

安息日は、より古いテキストと思われる出エジプト記23章12節や申命記5章12〜15節では、労働者や家畜への福祉的配慮が掲げられている。ここは、祭司文書と思われ、安息日を神学化し自己目的化している。

◉31章18節
ヤハウェはシナイ山でモーセと語り終えた際に、二枚の証書の石板、すなわち、神の指で記された石の板を、モーセに与えた。
神は、自分の指で、石板に文字を記したと考えられている。申命記9章10節にも同様の記述がある。

聖所の建設を指示し、祭司の服装や就任儀礼を詳細にのべ伝える、出エジプト記はどういう意図をもっているのでしょうか。
出エジプト記はさまざまなテキストの層をもっており、それぞれのテキストが異なる人びとの異なる思想や意図を反映していると思われるので、これを正確にのべることは困難です。しかし、出エジプト記を読むユダヤ教徒は、そういう文献学的な知識や背景をしるよしもなく、これを、モーセが伝える神ヤハウェの言葉と信じて、読み継いできました。そういう、いま伝えられる一冊の書物としての出エジプト記に、内在する視点で読むならば、この書物は、どういうメッセージを伝えていることになるのでしょうか。

＊

ひと言でそれをまとめるなら、モーセ（預言者）が上で、アロン（祭司）が下、です。

このことは、その後のユダヤ教の発展や、キリスト教の成立に関係が深いので、よく認識しておく必要があります。モーセが上で、アロンが下、と。

＊

モーセが上で、アロンが下であることは、出エジプト記を読めば明らかです。

まず第一に、預言者にはモーセが選ばれたので、アロンが選ばれたのではありません。モーセが、私は口下手なのですと泣き言を言うので、兄のアロンがいるではないか、と神が言い出して、彼がモーセの手助けに加わったにすぎません。アロンが加わっても、アロンが神と直接に交流することはなく、神は必ずモーセを通して、モーセへ、そしてアロンへの指示を下しました。モーセはアロンなしでもなんとかなるが、アロンはモーセなしでは、どうにもならないのです。

モーセはファラオと交渉し、さまざまな奇蹟を行ない、ついにイスラエルの民をエジプトから連れ出すことに成功しました。葦の海で水を退かせ、追手を撃退したのも、モーセです。荒野でマーン（マナ）を降らせ、水を湧きださせたのもモーセです。モーセは、イスラエルの民の指導者としての地位を、完全に確立しています。

第二に、シナイ山で神ヤハウェと面会し、十戒と律法の書を受け取ったのは、モーセです。アロンは、途中まで山を登っていくことは許されましたが、肝腎なときには、モーセがただひとりで神ヤハウェと面会しました。アロンは、モーセを介して神につながるだけで、じかに神とは交渉がないのです。

神ヤハウェとイスラエルの民とをつなぐ、律法と契約。モーセはこれに深く関与していますが、アロンは蚊帳の外です。祭司であるアロンは、神とイスラエルの民との結びつきについては、傍観者の位置にあるのです。

第三に、聖所の建設の指示を受け取り、祭儀の舞台を整え、祭服を用意し、アロンとその息子を祭司に叙任するのは、モーセです。モーセがアロンを祭司にする、なのです。逆にアロンが、モーセにできることは何もありません。

第四に、このあと（32章〜34章）アロンは、偶像の金の子牛を造るという、間違いを犯します。怒ったモーセが、それを正しくします。アロン（祭司）が間違え、モーセ（預言者）がただす、という上下の関係が、ここでもはっきりしています。

このように、出エジプト記を通して読むと、モーセの偉大さが際立つのにひきかえ、祭司アロンの人間的限界が明らかになる、という印象を受けることになるのです。

＊

では、出エジプト記はどのような意図で編集されたのでしょうか。

これは想像ですが、ソロモンの神殿が完成してから、祭司の社会的地位が高くなり、既得権化して、国王や一般社会とのあいだに矛盾が生じていた、という可能性が考えられます。

大祭司の下に、神殿の細々とした業務を分担する、レビ人がいました。彼らはレビ族として祖先を誇っていたはずです。アロンは、最初の大祭司として、言い伝えられていたのかもしれません。

いっぽうモーセは、預言者の伝統をさかのぼる、最大の預言者として造形されています。モーセは、最初、長子として生まれたはずなのに、途中でアロンが兄として登場して来ます。単独で伝わっていたモーセの伝承を、むりやりアロンと接合したふしがうかがえます。そして、アロンとモーセが並び立つ出エジプト記で、モーセ（預言者）が常に優位で、アロン（祭司）が常に劣位であることを強調するのは、神殿祭祀の位置を相対的に貶める意図があるように思われます。

その意図の根底にあるのは、ユダ王国の危機感だと思います。北のイスラエル王国は、ひと足先に外国に征服され、解体してしまいました。神殿祭祀も行なわれていたでしょうが、征服とともにすべて破壊され、なすすべもありませんでした。神殿祭祀（儀式）も役に立たない、王権（軍事力）も役に立たないから、民族の自立を何に求めればよいでしょう。その可能性が神ヤハウェの与える律法でした。その律法を、モーセの律法の書として文字化し、神殿の祭祀と切り離して抽象化すれば、異国の地に散らされても、民族の誇りと同一性を失わないでもすむのではないか。そういう宗教的直観が、出エジプト記を導いているように思います。

＊

出エジプト記のモチーフは、したがって、つぎのようになります。

・異国に散らされたイスラエルの民が、約束の地に戻って、民族の団結を取り戻すこと。
・そのリーダーが、預言者であって、神の契約をイスラエルの民に伝えること。
・祭司の権限は、その預言者に従属するものであること。

こうして編まれた出エジプト記は、モーセの活躍を浮き立たせる民族の復活の物語として、離散の境遇にあるユダヤ民族を、励ましてきました。実際、神殿が破壊されても、祭司が存在しなくなっても、ユダヤ教は生き延びました。出エジプト記こそ、ユダヤ民族の魂の物語だと言ってもよいと思うのです。

13 金の子牛

……32章～34章

モーセがシナイ山に登っているあいだに、イスラエルの民は、よりにもよって、偶像（金の子牛）を造って拝む、という重大な罪を犯します。モーセは怒って、厳しい処置を下します。神ヤハウェに従うことができない、人間の罪が、正面から取り上げられる、出エジプト記のハイライトです。

それでは、ことの顛末を、まずお読みください。

読む

32章1節〜35節

◉32節1節〜6節

民は、モーセが山から降りて来るのが遅れているのをみて、アロンに群がり、言った。さあ立ち上がって、俺たちの前を行く神々を、俺たちのためにつくれ。なぜなら、俺たちをエジプトから導き上った男、あのモーセに何が起こったか、俺たちにはわからないのだから。アロンは彼らに言った、お前たちの妻や息子や娘たちの耳にある金の輪を外して、持って来い。民はみな、金の輪を外し、持って行った。彼は、受け取り、小刀を使って形を整え、それを若い雄牛の鋳像にした。彼らは言った、イスラエルよ、これらが、お前をエジプトの地から導き上った、お前の神々だ。アロンは見て、その前に祭壇を建てた。アロンは叫んで言った、明日はヤハウェのための祭りだ。彼らは翌朝早く起きて、全焼の供犠を献げ、和解の供犠を献げた。民は座って食べて飲み、立ち上がって戯れた。

イスラエルの民は、モーセが不在にしているので、不安になり、信仰の支えになるものをア

金の子牛

（A.サージェント 1897, Charles Foster, *Bible Pictures and What They Teach Us* の挿画より）

ロンに求めた。アロンは民の訴えを聞いて、躊躇なく同意し、金の輪を持ってくるように、自ら提案している。そして、集まった金の輪を、自分で細工して、雄牛に整形している。神ヤハウェのことをよく知らない民はともかく、モーセのパートナーであるアロンのこの軽薄さは、理解に苦しむ。

メソポタミア各地で、雄牛の像が多くつくられていることが知られている。雄牛は、神をその上に載せる台座のようなもの、と考えられてきた。もしもそうなら、アロンはヤハウェの台座をつくろうとしただけで、ヤハウェ信仰から離れていない、とも考えられる。ケルブの像をつくるのと、似たようなことだからだ。アロンが、明日はヤハウェのための祭りだ、と叫んでいることとも符合する。
しかし、雄牛が礼拝の対象とされている例も、あるのだという。雄牛が、ヤハウェに代わる神々として造られたのなら、ことは重大だ。ここでの記述をみると、そうした重大な罪であると、描かれているようにも思われる。

◉ 32章7節〜8節

ヤハウェはモーセに語った、すぐ、降りて行け。あなたの民が堕落してしまった。彼らは、わたしが命じた道から早くもそれてしまい、自分たちのために若い雄牛の鋳像をつくった。それに身をかがめ、それに犠牲を献げて言った、イスラエルよ、これがお前をエジプトから導き上ったお前の神々だ、と。
ヤハウェは、全知であるから、イスラエルの民のことを見通している。そして、雄牛の像を造ったのは重大な罪だと認識している。

◉ 32章9節〜14節

ヤハウェはモーセに言った、わたしはこの民を見たが、項《うなじ》のかたい民である。わたしの思いのままにさせてくれ。わたしの怒りは彼らに対して燃え続け、わたしは彼らを断ち、あなたを大きな民にする。モーセはヤハウェの顔を宥めて（協会共同訳、口語訳は「主をなだめて」、新改訳は「主に嘆願して」）言った、ヤハウェよ、なぜあなたの怒りは燃えるのですか。あなたがエジプトの地から導き出したあなたの民に向かって、エジプト人が言ってよいのですか。ヤハウェは彼らを、悪意をもって導き出し、山で彼らを殺害し、大地の表から彼らを断った、と。あなたの燃える怒りから離れ、あなたの民に災いを下すのを思い止まって下さい。あなたの僕たち、アブラハム、イサク、ヤコブを想い起こして下さい。あなたは彼らに誓いました、わたしはあなたたちの子孫を空の星のように増やし、約束の土地をあなたたちの子孫に与え、彼らがいつまでも嗣ぐ、と。ヤハウェは、自分の民に災いを下すのを、思い止まった。

項がかたい、はよく使う表現。かたくなな、の意味。怒るヤハウェに対して、モーセは必死で説得を試みる。エジプト人が、あなたのことを、悪意をもって導き出したイスラエルの民を皆殺しにしてしまった、と評判してもいいのですか。アブラハム、イサク、ヤコブへの約束にも反していますよ。なかなか説得力のある反論である。神ヤハウェは、それもそうだと思って考えを変えた。

民の罪にかっと怒って、皆殺しだと一度は思ったのに、モーセの説得で考えを変える。自分の考えを変える神、は人間的で交流可能ではあるが、全知全能であること（神の超越性）とそぐわない。考え方のむずかしいところである。

◉ 32章15節〜18節

モーセは山から降りて行った。両面に書かれた、二枚の証書の石板が手にあった。神が書いたもので、石板の上に刻まれていた。ヨシュアは、民が叫んでいるのを聞いて、モーセに言った、宿営のなかに戦闘の声がします。モーセは言った、勝利の歌声でもなく、敗北の歌声でもなく、大声で歌う声を私は聞いている。

モーセと従者のヨシュアは、山に登って行ったとあるので（24章13節）、ヨシュアは途中で待っていたのであろう。石板はふつう片側に文字を記すものだが、ここは両面に記したと書いてある。

◉ 32章19節〜20節

宿営に近づいたとき、モーセはあの若い雄牛と輪舞を見た。モーセの怒りは燃え上がり、石板を投げ捨てて、山の麓でそれらを砕いた。モーセは、若い雄牛を火で焼き、粉々になるまで粉砕し、水の面にまきちらし、イスラエルの子らに飲ませた。

輪舞と歌は、戦勝のときのやり方でもある。若い雄牛は鋳像ということだったが、ここの描写は木製であるように思われる。水を飲ませるのは、呪いの水の習慣だという。

◉ 32章21節〜25節

モーセはアロンに言った、この民はお前に何をしたのか。お前がこんなに大きな罪をもたらすとは。アロンは言った、お怒りがないように。彼らが私に言ったのです、俺たちの前を行く神々をつくれ。モーセに何が起こったか、俺たちにはわからないのだから、と。そこで私は彼らに、金を身につけているものは、私に渡せ、と言い、それを火の中に投げ込むと、そこからあの若い雄牛が出てきたのです。モーセは、民が羽目を外しているのを見た。アロンが民に、羽目を外させたのである。

アロンの言い訳は、若い雄牛を自分がつくったことを棚に上げて、金を火に投げ込んだら出てきた、と責任をあいまいにしている。

石版を割るモーセ

（ユリウス・シュノル・フォン・カロルスフェルト 1860, *Die Bible in Bildern* より）

◉ 32章26節～29節

モーセは、宿営の門に立って、言った、ヤハウェにつく者は、私のもとに来い。レビの子らは皆、モーセのもとに集まった。モーセは彼らに言った、神ヤハウェはこう言った、「各自、剣を腰に帯びよ。宿営の中を端から端まで行きめぐれ。そして、自分の兄弟、友人、隣人を殺害せよ。」レビの子らは、モーセの言葉通りに行なった。その日に、民の中からおよそ三千人の男が剣に倒れた。モーセは言った、今日、お前たちはヤハウェに献身せよ。なぜなら各自、自分の息子、兄弟に敵対したのだから。お前たちに今日、祝福を与えるために。

ヤハウェに献身せよ、は文字通りには、「お前たちの手を満たせ」。これは、祭司に任じる場合の表現である。

◉ 32章30節

翌日、モーセは民に言った、お前たちは大きな罪を犯した。いま、私はヤハウェのところに上って行く。たぶん、お前たちの罪の贖いをすることができるだろう。

◉ 32章31節～32節

モーセはヤハウェのもとに戻り、言った、この民は大きな罪を犯してしまいました。私たちのために金の神々をつくったのです。彼らの罪を、あなたが赦されるのならよいのですが、もしそうでないなら、どうぞ、私を消し去ってください、あなたが書き記されたあなたの書から。

神ヤハウェは、人間一人ひとりについて記すノートをつけていて、生命や救いについて定めている、と考えられている。

◉ 32章33節〜35節

ヤハウェはモーセに言った、わたしに罪を犯した者を、わたしはわたしの書から消し去る。民をわたしがあなたに語ったことへと導きなさい。わたしの使いがあなたの前を行く。わたしが訪れる日に、わたしが彼らの罪を罰する。ヤハウェは民を撃った。若い雄牛を、彼らがつくったからである。アロンがそれをつくった。

ヤハウェの使いについては、23章20節にも言及がある。罪を罰する、は顧みるの意味。場合により、救いとも罰ともなる。

読む

33章

◉ 33章1節〜6節

ヤハウェはモーセに語った、すぐにそこから上れ、エジプトから導き出した民と共に、アブラハム、イサク、ヤコブに与えると誓った地へと。わたしはあなたの前に使いを遣わす。わたしはカナン人、アモリ人、ヘト人、ペリジ人、ヒビ人、イェブス人を追い払う。わたしがあなたの只中にあって上ることはない、なぜなら、あなたは項のかたい民で、道でわたしがあなたを断つことのないためである。民はこの不吉な言葉を聞いて、悼み、誰も飾りを身につけなかった。ヤハウェはモーセに言った、イスラエルの子らに言いなさい、わたしがあなたの只中にあって上ったなら、わたしはあなたを断ってしまうだろう。さあ、あなたの飾りを取り外せ。イスラエルの子らは、ホレブ山のときから、彼らの飾りを片づけてしまった。

神が人びとのあいだに臨在すると、危険である、という考え方が示されている。その代わりに、人びとに先立って、使いを遣わすと。

◉ 33章7節〜11節

モーセはいつも天幕を、宿営の外に宿営から離れて、自分で張っていた。それを会見の幕屋と呼んでいた。ヤハウェを求める者は、誰でも、そこに来た。モーセが幕屋へ出て行くときには、民はみな起立し、天幕の入り口に立って、後ろ姿を見送った。モーセが幕屋に入るときには、いつも雲の柱が下り、幕屋の入り口に立ち、モーセと語るのだった。民は、それを見て、身をかがめた。ヤハウェは、顔と顔を合わせてモーセに語った、人と人が語り合うように。そしてモーセは宿営に戻った。だが彼の従者、ヌンの子ヨシュアは、幕屋の中から離れることがなかった。

モーセは宿営から離れて、単独で幕屋を張っていた。ヤハウェは雲の柱として、幕屋にやって来て、「顔と顔を合わせて」モーセと語ったという。これは、預言者として、異例である。モーセが預言者として特別であることを、印象づける記述である。

◉ 33章12節〜17節

モーセはヤハウェに言った、あなたはこの民を導き上れと言う。しかし、使いとして私と共にいるものを、あなたは私に知らせない。どうか私に、あなたの道を知らせて下さい。私が恵みをあなたの目の中に見出すためです。ヤハウェは言った、わたしの顔が、共に行く。わたしがお前に休息を与える。モーセはヤハウェに言った、もしあなたの顔が共に行かないのなら、私をここから導き上らないでください。ヤハウェはモーセに言った、お前が語ったその言葉をも、わたしは行なう。

モーセは、自分が導くイスラエルの民の一行に、ヤハウェとヤハウェの恵みが共にあるのかどうかを、心配している。

◉ 33章18節〜23節

モーセは言った、どうかあなたの栄光を、私に見させて下さい。ヤハウェは言った、わたしのよきもののすべてを、お前の面前を通りすぎさせ、ヤハウェの名で呼ばわる（協会共同訳「主の名によって宣言する」）。わたしはわたしが慈しもうとする者を慈しみ、憐れもうとする者を憐れむ。ヤハウェは言った、お前はわたしの顔を見ることができない。人はわたしを見て、生きていることができないからである。ヤハウェは言った、岩の上に立ちなさい。わたしの栄光が通り過ぎるとき、わたしはお前を岩の割れ目に置き、わたしが通り過ぎるまで、お前の上をわたしの掌で覆う。そのあとわたしは掌をのけ、お前はわたしの後ろを見る。しかし、わたしの顔は見られない。

ヤハウェの栄光を見せて下さい、と願うモーセに対して、ヤハウェの答えは逆説的である。見せてやるが、見ることはできないから、目をつぶれ。見ると生きていることができないから通り過ぎるときに、目を覆う。だが、通り過ぎているかどうかは、目を覆われるなら、確認できないのである。ヤハウェがモーセをだまして、実は何も通り過ぎていないのかもしれない。イエスは言った、見たから信じたのか、見ないで信じるものはさいわいだ（ヨハネによる福音書20章29節）。モーセも、ヤハウェの栄光を求めた。殺人犯として追われていた彼が、ヤハウェの名のもとに、三〇〇〇人を殺すことになったのだ。信じることと、証拠を求めることとの逆説が、テーマとなっている。

読む

34章1節〜35節

◉ 34章1節〜5節

ヤハウェはモーセに言った、二枚の石板をさきのように切り出せ。砕いてしまった石板にあった言葉を書き記そう。翌朝、シナイ山に登れ、山の頂きでわたしに向かって立て、誰も共に登ってはならない。人はひとりも全山で見られてはならず、小家畜も草を食べてはならない。モーセは、二枚の石の板を切り出した。そして翌朝、石板を持って、シナイ山に登った。ヤハウェは雲に包まれて下り、モーセはヤハウェと共にそこに立った。

◉ 34章6節〜7節

ヤハウェはモーセの面前を通り過ぎて叫んだ、ヤハウェ、ヤハウェ、憐れみ深く慈しみ深い神、怒ること遅く、恵みと真実に富む神。咎と背きと罪を赦す者。だが、全く罰さないわけではない。父たちの咎を息子たち、孫たち、三代目、四代目の者たちには報いる。

自己顕示の強い、ヤハウェのパフォーマンスである。

◉ 34章8節〜9節

モーセは急いで地にひれ伏し、身をかがめて、言った、どうかわが主が、私たちの只中にあって共に行って下さい。私たちの咎と罪をあなたが赦し、私たちを嗣業としてあなたが嗣いで下さい。

嗣業はもともと、相続や分け前を意味する。カナンの地は、ヤハウェがイスラエルの民に与えた嗣業と理解された。土地はヤハウェの所有なので、同じ氏族のものに譲り渡すことはできたが、それを越えて売買できないとされた。

◉34章10節〜16節

ヤハウェは言った、わたしは民全員の前で、契約を結ぼうとしている。今日、わたしがあなたに命じることを守りなさい。わたしはあなたの前から、アモリ人、カナン人、ヘト人、ペリジ人、ヒビ人、イェブス人を追い払う。その地の住民と契約を結ばないように注意しなさい。彼らの祭壇をあなたがたは破壊し、彼らの石柱を粉砕し、彼のアシェラを切り倒しなさい。他のどんな神にも、身をかがめてはならないからである。ヤハウェは妬みの神で、その名をエル・カンナーというからである。彼らは彼らの神々の後を追って、淫行をし、彼らの神々に犠牲を献げ、彼はあなたを呼び、あなたは彼の犠牲を食べるであろう。あなたは自分の息子たちのために彼の娘たちの中から娶るであろう。その娘たちは、彼らの神々の後を追って淫行をし、あなたの息子たちに彼らの神々の後を追わせ淫行させるであろう。

アシェラは、ウガリト神話で、最高神エルの配偶女神である。古代イスラエルではアシェラは、サマリアではバアルの配偶者として、シナイ北東ではヤハウェの配偶者として、拝まれることがあった。エル・カンナーは、妬みの神、熱心の神、の意味。キリスト教徒は苦労して、熱愛の神と訳したりする。

◉ 34章17節〜20節

鋳造の神々を、つくってはならない。種入れぬパンの祭りを、守りなさい。アビブの月の決められた七日間、種入れぬパンを食べなさい。胎を開くものは、すべてわたしのものである。雄牛と雄羊の初子は、わたしのものである。ろばの場合は、小家畜を身代わりとして立てなければならない。あなたの息子たちの長子すべてに、身代わりを立てなければならない。わたしの顔は手ぶらでは見られない。

◉ 34章21節〜26節

六日間働き、七日目に休みなさい。週の祭りを行ないなさい。小麦の収穫の初物の祭り、そして年の変わり目に穫り入れの祭りを、行ないなさい。年に三度、あなたのすべての男子は、主ヤハウェ、イスラエルの神の顔を見なさい。なぜなら、わたしはあなたの前から諸民族を追い払い、あなたの領土を広げるからである。あなたは発酵したものに添えてわたしの犠牲の血を、供えてはならない。過越しの犠牲が、翌朝まで残ってはならない。あなたの大地の初物の最上のものを、あなたはあなたの神ヤハウェの家に持って来なさい。子山羊をその母の乳で煮てはならない。

年の変わり目は、ここでは秋になっている。ユダヤ暦は古くは、秋が新年であり、それが春に移ったと考えられている。

ここまでの箇所は、さきの十戒の内容と重複する。十戒をもう一度、のべ直しているおもむきがある。なぜであろう。イスラエルの民が、偶像（金の子牛）をつくる罪を起こしたことと関係があるかもしれない。モーセが最初の石板を、砕いてしまったからかもしれない。異なるふたつの系統のテキストを、編集の段階で両方取り込んだ結果かもしれない。

◉ **34章27節～28節**

ヤハウェはモーセに言った、これらの言葉をあなたは自分で書き記しなさい。これらの言葉に従って、わたしはあなたと、そしてイスラエルと、契約を結んだから。モーセはそこに、四〇日四〇夜いた。パンも食べず、水も飲まなかった。そして石板の上に契約の言葉を書き記した。一〇の言葉を。

石板の言葉を今度は、神ではなく、モーセが自分で書き記している。そのためか、四〇日四〇夜もかかった。

◉ 34章29節〜30節

モーセが山から降りてくるとき、証書の石板が二枚、手にあった。モーセは、ヤハウェと話しているあいだに、自分の顔の皮膚が光り輝いているのを知らなかった。アロンとイスラエルの子らは、それを見て、モーセに近づくのを恐れた。

「顔の皮膚が光り輝く」の部分を、ウルガタ訳（ヒエロニムス訳とされるラテン語聖書）は間違えて、「角が生える」と訳した。そのため、たとえばミケランジェロのモーセ像には、角が生えている。

◉ 34章31節〜35節

モーセが呼びかけたので、アロンと会衆の指導者たちは、モーセに向き直った。モーセは語り、イスラエルの子らは皆、近づいた。モーセは、ヤハウェがシナイ山で語ったすべてのことを、彼らに命じた。モーセは語り終えると、自分の顔に覆いをつけた。モーセは、ヤハウェと会うあいだ、覆いをいつも外していた。イスラエルの子らが見ると、モーセの顔の皮膚は輝いていた。

イスラエルの民は、ヤハウェの教えに背き、金の子牛を拝んだのですが、モーセの執り成しによって、ヤハウェは怒りをやわらげ、再び契約を結び直すことができました。このあと、イスラエルの民はどう導かれて行くのでしょう。出エジプト記の最後の数章で、それをみることができます。

角のあるモーセ
（ミケランジェロ 1515）

コラム

創世記は誰が書いた?

出エジプト記は、旧約聖書の二番目の書物。最初の書物は、創世記です。

創世記は、こう始まります。「初めに、神が天と地を造ったとき、地はかたちのない空虚で、神の息吹が水の面を吹いていた。……」

ちょっと待って、と思いませんでしたか。

そのときには、天も地もまだない。光もまだない。人間はおろか、動物も造られていない。いったい誰が、この情景を目撃したのだろう。いったい誰が、この情景を、文書に書き記したのだろう、と。

よい質問です。これまでそう疑問に思ったことのないひとは、いまぜひ、疑問に思って下さい。考えてみれば、不思議なことなのですから。

＊

神が天と地を造るプロセス、特に人間が創造される前のプロセスを目撃し、証言することのできるものは、神しかいません。そこで、創世記の、とりわけ最初の部分は、神による報告だと考えなければなりません。

では、その神の知識が、どうして人間に読める本(聖書)になったのか。

それは、預言者モーセが、神から教えてもらった、と考えるしかありません。モーセは何日も何日も、神と共に過ごし、神から教えを受けています。そうして、モーセ五書(モーセの五冊の預言の書)を伝えました。出エジプト記には、創世記を与えられた、と書いてあるわけではありません。けれども、創世記がモーセの預言の書物なら、その内容は、モーセがシナイ山に登って神と過ごしたこの時期に、与えられたに違いないのです。

出エジプト記には、モーセが山から降りてきてからのことも、書いてあります。ですから、モーセが自分で記録した部分もあると思います。モーセ五書は、ある部分は神に教えてもらい、ある部分はモーセが自分で書いた、神とモーセとの合作による書物なのです。これが、旧約聖書の中で、とくにモーセ五書が重んじられる理由です。

14 聖所をつくる

……35章〜40章

35章から本書の最後までにのべられていることは、25章から31章にかけてのべられていた聖書の建設の指示に、ほぼぴったり照応しています。読んだ印象は、「同じことの繰り返し」です。

なぜ、同じことを繰り返すのでしょうか。それは、「詳しい指示が与えられた」→「その通りに指示が実行された」、という体裁を整えるためです。神ヤハウェの命令が、実行された。それは、指導者モーセの能力が高いという意味であり、イスラエルの人びとが神ヤハウェに忠実であった、という意味になります。

では、なぜ、「命令された通りにすみずみまで忠実に実行された」と、簡単に書いて済ませないのでしょう。それは、私がうがって考えるには、シナイ半島をさまようイスラエルの民のあいだで、実際に聖所が造られたのかについて、読者のあいだで疑問が持たれたであろうからです。砂漠を、パンも水もなく、さまよっている人びとが、移動の最中に、大した材料も工具も技術もなく、そんな見事な建造物を造ることができたのか。そもそも、神ヤハウェがそんな無理難題を、イスラエルの人びとに命じたのか。このポータブル式の聖所のアイデアは、宗教上の必要があって信じられ、書かれたのでしょうが、どうしても現実性が薄いため、フィクションに読めてしまうはずです。その非現実性を少しでもカヴァーするため、手厚い記述になっているのではないでしょうか。

というわけで、これからの数章は、さきの数章と内容からみて繰り返しになります。それを以下、完璧に要約することは、必要もないし退屈でしょう。しかし、まったく省略してしまうのでは、出エジプト記のテキストの狙いを感触として掴めなくなるでしょう。そこで、中間をとって、それなりに詳しく、けれどもあちこち省略しつつ、各章の内容をまとめて行くことにします。

読む

35章1節〜35節

◉ 35章1節〜3節

モーセはイスラエルの全会衆を集め、言った、ヤハウェは命じた、六日間は仕事をするが、七日目は特別な安息日である。この日に仕事をする者は、誰でも殺されなければならない。安息日には、火を灯してはならない。

聖所の建設でも、安息日を守らなければならないという意味で、ここでもう一度、強調したのであろう。火を灯してはならないと、ここで記述されたので、金曜日の日没前に、燭台のロウソクに火をつける「シャバット・キャンドル」の習慣が生まれた。厳格派のユダヤ教徒は、電気のスイッチや、エレベータ、自動車の使用も控える。安息日の食事は、金曜の日没までに整えておく。

◉ 35章4節～9節

モーセは、イスラエルの会衆に言った、あなたたちは持ち物の中から、ヤハウェへの奉納物を寄進しなさい。金、銀、青銅、青と紫と緋色の糸、亜麻糸、山羊の毛糸。赤くなめした雄羊の皮、タハシュの皮。アカシアの木材。灯明のための油。香料。エフォドと胸当てに象嵌するための紅玉髄やその他の宝石類である。

◉ 35章10節～19節

心に知恵のある者はみなやって来て、ヤハウェが命じたすべての品々をつくりなさい。宿り場とその幕屋、覆い、留め金、木枠、横木、支柱、台座、箱とそれを担ぐ棒、贖いの蓋、帳の垂れ幕、卓台とそれを担ぐ棒、その備品、供えのパン、メノラーと備品、ランプ、灯明の油、香の祭壇とそれを担ぐ棒、注ぎ油、薫香、宿り場入り口の帳、全焼の供犠用の祭壇と青銅の格子、それを担ぐ棒と備品、洗盤とその台、中庭の幔幕と柱と台座、中庭の入り口の帳、宿り場の杭と中庭の杭、それに結びつける綱、アロンの祭服とその子の衣服、である。

25章以下では、ヤハウェがモーセに語っていた。この章では、それを、モーセがイスラエルの民に語り直している。

◉ 35章20節〜29節

イスラエルの会衆は、いったん立ち去った。しばらくして、熱意にかられて人びとが、ヤハウェへの奉納者を運んできた。ブローチ、耳飾り、指輪、ペンダントなどあらゆる金製品。青と紫と緋色の糸、亜麻糸、山羊の毛糸、赤くなめした雄羊の皮、タハシュの皮。銀や青銅の奉納物。アカシアの木材、自分たちが手で紡ぎ、青と紫と緋色の糸と亜麻糸で紡いだもの。山羊の毛糸。一族の長たちは、エフォドと胸当てにはめこむ紅玉髄やその他の宝石類、灯明、注ぎ油、薫香をつくるための香料と油を持参した。このようにイスラエルの子らは、ヤハウェに対する自発的な献げ物を持参した。

◉ 35章30節〜35節

モーセはイスラエルの子らに言った、ヤハウェはユダ部族の、フルの孫でウリの子であるベツァルエルを指名した。神の霊を彼に満たされ、知恵と能力と知識とあらゆる技術を彼に授けられた。さまざまな工夫を凝らして金製、銀製、青銅製の品々をつくりだし、宝石を彫琢して象嵌したり、木材に彫り物をするなど、あらゆる精妙な仕事をするためである。ヤハウェはまた、彼と、ダン族のアヒサマクの子オホリアブの心に、人を教え導く力を与えた。彼らの心に知恵を満たして、彫り物師、図案師、青と紫と緋色の糸、亜麻糸を操る刺繍師、織物師のすべての仕事ができるようにし、あらゆる仕事をこなす職人、意匠を考える図案師とされた。
ユダヤ教は、製造業に敬意をもち、職人の知恵や技能は神の霊に満たされていることだ、と理解する考え方をもっている。

読む

36章1節〜38節

◉ **36章1節**

ベツァルエルとオホリアブ、および、心に知恵あるすべての人びと、聖所の建設作業のあらゆる仕事のやり方に精通している者たちは、ヤハウェが命じられた通りにすべてのことを行なわなければならない。

神ヤハウェが命じて、ひとつのプロジェクトを行なうというイメージは、ルターの「召命」（天職）の考えに通じ、利潤の追求を目的とする資本主義の企業や、特定の目的を追求する国家組織や法人のアイデアに通じている。

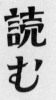

◉ 36章2節〜7節

モーセは、ベツァルエルとオホリアブ、加えて心に知恵のある人びとを呼び集め、各自がなすべき仕事の作業に取り掛からせた。彼らは、イスラエルの子らが寄進したすべての奉納物をモーセの前から持ち去った。イスラエルの子らは、その後も毎朝、自発的な献げ物をモーセのもとに運び続けた。彼らはモーセに言った、民は、ヤハウェが命じた仕事に必要なものをはるかに越える多くのものを、寄進し続けています。そこでモーセは命令を発し、これ以上の寄進は必要ない、という布告を行き渡らせた。民は、それ以上の寄進をするのをやめた。

◉ 36章8節〜13節

作業に従事していた人々のうち、知恵ある者たちは、宿り場をつくるために、撚り合わせた亜麻糸、青と紫と緋色の糸を用いて、十枚の布をつくり、ケルブたちの巧みな刺繡を施した。長さは二八アンマ、幅は四アンマで、五枚ずつ縫い合わせて二組にした。青い糸でそれぞれ五〇ずつの輪をつくり、五〇の金の留め金をつくった。布をつなぎ合わせ、一つの宿り場ができあがった。

◉ 36章14節〜19節

山羊の毛糸で布をつくった。宿り場の天幕にするためである。一一枚つくり、長さ三〇アンマ、幅四アンマ。五枚、六枚を縫い合わせた。縁にそれぞれ五〇の輪をつくり、青銅の留め金をつけて、ひとつに繋ぎ合わせた。赤くなめした雄羊の皮で天幕の覆いをつくり、タハシュの皮でその上の覆いをつくった。

26章の対応箇所と比べると、仕様の一部が省略されているところがある。

◉ 36章20節〜30節

また、宿り場の骨組みとする木枠をつくった。長さは一〇アンマ、幅は一・五アンマ、二本のほぞがあり、格子をつなぎ合わせる。南側の側面のためにも、北側の側面のためにも、二〇の木枠と四〇の銀の台座、西側の側面のためには六つの木枠、奥の支えのため二つの木枠をつくった。

◉ 36章31節〜34節

また、アカシアの木材で横木をつくった。片側の側面に五本ずつ、西側に五本。中央の横木は端から端まで届くようにつくった。木枠に金で上張りし、木枠に金の環をつくって横木を通す支えとし、横木にも金で上張りをした。

◉36章35節〜36節

青と紫と緋色の糸、および撚り合わせた亜麻糸で垂れ幕をつくり、それにケルブの刺繍を施した。垂れ幕のため四本の支柱をつくり、金で上張りをした。支柱につける金の鉤をつくり、四つの銀の台座を鋳造した。

◉36章37節〜38節

青と紫と緋色の糸、および撚り合わせた亜麻糸で、天幕の入り口に掛ける帳をつくり、それに色とりどりの刺繍を施した。帳を掛ける五本の支柱とそれにつける鉤をつくった。支柱の柱頭と桁に金で上張りをした。支柱の五つの台座は青銅であった。

読む

37章1節～29節

◉ **37章1節～5節**

ベツァルエルは、アカシアの木材で箱をつくった。長さが二アンマ半、幅が一アンマ半、高さが一アンマ半であった。内側も外側も純金で上張りをした。周囲を囲む金の飾り縁をつくった。四つの金の環を鋳造し、脚部の上に取り付けた。アカシアの木材で棒をつくり、金で上張りをした。環に通して、箱が担げるようにした。

◉ **37章6節～9節**

彼はまた、純金で贖いの蓋をつくった。長さが二アンマ半、幅が一アンマ半であった。二つの金のケルブをつくった。蓋の両側から打ち出し細工で鍛造した。上方に向けて両方の翼を広げ、贖いの蓋を翼で覆っていた。また、ケルブが互いの顔を向け合うようにした。

◉ 37章10節〜16節

彼はまた、アカシアの木材で卓台をつくった。長さが二アンマ、幅が一アンマ、高さは一アンマ半。純金で上張りし、周囲を囲む金の飾り縁をつくった。周囲を囲む幅一トファハの枠をつくった。その枠も、金の飾り縁でつくった。四つの金の環を鋳造し、四本の脚の四隅にとりつけた。卓台を担いで運ぶための棒の支えとした。アカシアの木材で棒をつくり、金で上張りした。鉢とひしゃくと水差しと壺を純金でつくった。

◉ 37章17節〜24節

彼はまた、純金でメノラーをつくった。継ぎ目なしの打ち出し細工で鍛造した。片側に三本ずつの枝が出ていた。アーモンドの花をかたどった、蕚と花弁からなる三つの受け皿がついていた。メノラーに据える七つのランプと、芯切り鋏と灰受け皿を純金でつくった。メノラーとすべての備品を、一キカルの純金でつくった。

一キカルは三〇〇〇シェケルに相当する。

◉ 37章25節〜29節

彼はまた、香の祭壇をアカシアの木材でつくった。縦も横も一アンマ、高さは二アンマであった。四隅に継ぎ目なしで角が出ていた。上面にも側面にも角にも金の上張りをした。金の飾り縁を周囲につくった。金の環をつくり、祭壇の両側にとりつけた。担いで運ぶ棒を通す支えとするためである。アカシアの木材で二本の棒をつくり、金で上張りをした。聖なる注ぎ油と純粋な薫香をつくった。

読む

38章1節～31節

◉ 38章1節～8節

彼はまた、アカシア材で全焼の供犠用の祭壇をつくった。縦も横も五アンマ、高さは三アンマであった。祭壇の四隅に、継ぎ目なしで出ている角をつくった。祭壇全体を青銅で上張りした。バケツ、十能、鉢、肉刺し、灰受け皿を、青銅でつくった。また、青銅の網細工で格子をつくり、祭壇の突起の下にとりつけた。四つの青銅の環を鋳造し、棒を通す支えとした。アカシア材で棒をつくり、青銅で上張りをし、祭壇を担いで運べるようにした。祭壇を、中が空洞になるように、板を組み合わせてつくった。彼はまた、青銅の洗盤とそれを載せる青銅の台をつくった。

◉ 38章9節〜20節

彼はまた、中庭をつくった。南側の、撚り合わせた亜麻糸で織った長さ一〇〇アンマの幔幕。青銅の二〇本の柱と二〇の台座。柱につける銀の鉤と桁。北側にも同じもの。西側の、長さ五〇アンマの幔幕。一〇本の柱と台座、柱に付ける銀の鉤と桁。東側の片側には、長さ一五アンマの幔幕、三本の柱と三つの台座。もう一方の側にも、同じもの。柱を立てる台座は青銅、鉤と桁は銀製であった。柱頭は銀で上張りされ、中庭を囲むすべての柱は、銀の桁で結ばれていた。また、中庭の疑問に垂らす帳。色とりどりの刺繍を施し、青と紫と緋色の糸と撚り合わせた亜麻糸でつくられた。その長さは二〇アンマで、高さは五アンマであった。四本の柱と四つの台座は青銅製で、柱につける鉤は銀製で、柱頭と桁の上張りも銀であった。宿り場と中庭の周囲のすべての杭は、青銅製であった。

聖所をつくる材料に、鉄が使われていない。鉄の技術はまだなかったことになっている。

◉ 38章21節〜23節

証書の箱の宿り場に用いられた資材の総量の記録。モーセの命令で登録され、祭司アロンの子イタマルの監督のもとでレビ人たちが行なった仕事である。すべてをつくり上げたのは、ユダ族のフルの孫、ウリの子であるベツァルエルである。ダン族のアヒサマクの子オホリアブが助手として、彫り物師、図案師、青と紫と緋色の糸、亜麻糸を操る刺繍師として働いた。

イタマルは、アロンの四男であった（6章23節）。

◉ 38章24節〜28節

用いられた金は、供物として献げられたもので、二九キカルと七三〇シェケルだった。銀は、一〇〇キカルと一七七五シェケルだった。これは、台帳に登録された二〇歳以上の人々六〇万三五五〇人全員が、一ベカ（半シェケル）ずつ献げた結果である。銀一〇〇キカルは、木枠の台座と柱の台座を鋳造するのに用いられた。残りの銀一七七五シェケルで、柱の鉤をつくり、柱頭に上張りをし、桁をつけた。

◉ 38章29節〜31節

献げられた青銅の量は、七〇キカルと二四〇〇シェケルだった。会見の幕屋の入り口の帳の柱のための台座、青銅の祭壇とそれにつける青銅の網格子、祭壇に附属するすべての備品、中庭の周囲の幔幕の柱のための台座、中庭の入り口の帳の柱のための台座、宿り場のための杭、中庭の周囲の杭をつくった。

読む

39章1節〜43節

◉ 39章1節

彼らはまた、青、紫、緋色の糸を用いて、聖所で務めを果たす衣裳をつくった。ヤハウェがモーセに命じた通りに、アロンの祭服をつくった。

◉ 39章2節〜7節

彼は、金、青、紫、緋色の糸と撚り合わせた亜麻糸を用いてエフォドをつくった。金の塊を叩き延ばして、それを細切りにして糸をつくった。それを網み合わせて、巧みな刺繍を施すためである。また、エフォドのための肩紐をつくり、両端にとりつけた。付け帯は、エフォドと同じ織り方でつくった。ヤハウェが命じた通りである。紅玉髄は、金の線状細工の枠にはめ込まれ、イスラエルの子らの名前が彫り込まれた。それはエフォドの肩紐に取り付けた。

◉ 39章8節〜21節

彼はまた、胸当てをつくった。エフォドと同じ織り方で、巧みな刺繍を施した。縦も横も一ゼレトの正方形で、二重になるようにつくった。そしてそれに、宝石を四列になるようにはめ込んだ。それらの宝石は、イスラエルの子らの名前を表わすのであり、彼らの名前と同じ一二個であった。彼らはまた、純金で組み紐のように撚り合わせた鎖をつくった。二つの金の線条細工の枠と金の環をつくり、胸当ての上部の両端にとりつけた。二つの金の環をつくり、下部の両端に取り付けた。そして、青い撚り糸で結び合わせ、胸当てがエフォドからずれないようにした。ヤハウェがモーセに命じた通りである。

◉ 39章22節〜26節

彼はまた、青い糸だけで織物をつくり、エフォド用の外衣をつくった。中央に穴を開け、穴の縁を皮で囲み、裂けないようにした。外衣の裾に、青、紫、緋色の撚り糸でざくろのかたちをつくり、鈴をざくろの間につけた。ヤハウェがモーセに命じた通りである。

◉ 39章27節〜29節

彼らはまた、アロンと彼の子らのため、亜麻糸で織物を織り、上着をつくった。ターバン、頭巾、亜麻布のズボン、飾り帯をつくった。ヤハウェがモーセに命じた通りである。

◉ 39章30節〜31節

彼らはまた、純金で冠の徽章をつくり、「ヤハウェに属する聖なる者」という文字を書き付けた。徽章に青い撚り糸を結び付けて、ターバンの上部に取り付けた。ヤハウェがモーセに命じた通りである。

◉ 39章32節〜43節

このようにして、宿り場のすべての作業が完了した。彼らは、宿り場をモーセのもとに運んできた。幕屋とその備品、すなわち、鉤、木枠、横木、柱、台座、赤くなめした雄羊の皮の覆い、タハシュの皮の覆い、帳にする垂れ幕、証書の箱とそれを担ぐ棒、贖いの蓋、卓台とその備品、灯明の油、金の祭壇、注ぎ油、薫香、入り口の帳、青銅の祭壇と網格子、それを担ぐ棒と備品、洗盤とその台、中庭を囲む幔幕とそれを張るための柱と台座、入り口に垂らす帳、綱と杭、会見の幕屋で使うすべての備品、聖所での衣裳、すなわちアロンの祭服と、アロンの子らが仕えるための衣服である。このように、イスラエルの子らは、ヤハウェがモーセに命じたすべての仕事を行なった。モーセはすべての作業を点検した。モーセは彼らを祝福した。

読む

40章1節〜38節

◉ **40章1節〜5節**

ヤハウェはモーセに告げて言った、第一の月の第一日に、宿り場（会見の幕屋）を組み立てなさい。そこに証書の箱を置きなさい。その前を、垂れ幕で遮りなさい。卓台を運び込み、並べるべきものを並べなさい。メノラーを運びこみ、ランプを灯しなさい。香を焚く金の祭壇を証書の箱の前に据えなさい。宿り場の入り口に帳をかけなさい。

第一の月は当時、秋だったので、このタイミングは、出エジプトから約一年後、シナイ到着後九カ月目にあたる。聖所は新年に組み立てられ、ヤハウェとの新しい関係の幕開けにふさわしいとされたのだ。

◉ 40章6節〜11節

あなたはまた、会見の幕屋の正面に、全焼の供犠用の祭壇を据えなさい。洗盤を据え、その中に水を入れなさい。周囲に中庭を設け、中庭の門に帳をかけなさい。また、注ぎ油をとり、すべてのものに油を注ぎなさい。聖別すれば、それらは聖なるものとなる。全焼の供犠用の祭壇と備品に、油を注ぎなさい。祭壇は、もっとも聖なるものとなる。洗盤とその台に油を注ぎなさい。そのように、それらを聖別しなさい。

◉ 40章12節〜16節

あなたはまた、アロンとその子らを会見の幕屋の入り口に進み出させ、彼らを水で洗い浄めなさい。アロンに聖なる祭服を着せなさい。油を注ぎ、聖別しなさい。アロンの子らに上着を着せなさい。彼らにも油を注ぎなさい。彼らへの油注ぎは、代々にわたる永遠の祭司職を彼らのものとするためのものである。モーセは、ヤハウェが命じたすべてのことを、その通りに実行した。

◉ 40章17節〜23節

第二年の第一の月、その一日に、宿り場は組み立てられた。台座を置き、木枠を立て、横木を通し、柱を立てた。天幕を広げ、その上に天幕の覆いを掛けた。ヤハウェがモーセに命じた通りである。また、証書を取り、箱に収めた。箱に棒を取り付け、贖いの蓋を箱の上に置いた。箱を宿り場の中に運び込み、帳の垂れ幕を掛けて箱の前を遮った。ヤハウェがモーセに命じた通りである。また、卓台を中に運びこみ、垂れ幕の外の宿り場の北側に据えた。またその上に、パンを並べた。ヤハウェがモーセに命じた通りである。

◉ 40章24節〜27節

また、メノラーを会見の幕屋に据えた。卓台の反対側、南側であった。それからランプを灯した。また、金の祭壇を、垂れ幕の正面に据え、その上で薫香を焚いた。ヤハウェがモーセに命じた通りである。

◉ 40章28節〜33節

彼はまた、宿り場の入り口に帳を掛けた。全焼の供犠用の祭壇を、幕屋の入り口に据えた。そして、その上で、全焼の供犠と穀物の供物を献げた。また、幕屋と祭壇の間に洗盤を据え、水を入れた。モーセおよびアロンとその子らは、その水で手と足を洗い浄めることになっていた。ヤハウェがモーセに命じた通りである。それから彼は、宿り場と祭壇の周囲に中庭を設けた。中庭の門に帳をかけた。こうしてモーセは、作業をなし終えた。

◉ 40章34節〜38節

するとʼ、雲が会見の幕屋を覆い、ヤハウェの栄光が宿り場に満ちた。モーセは、会見の幕屋に入ることができなかった。雲が宿り場の上から離れて昇るごとに、イスラエルの子らは出発して先に進むのを常とした。旅路の間中、ずっとそのようにした。雲が上に昇らない場合は、昇る日まで、彼らは出発せずにいた。昼は宿り場のうえにヤハウェの雲があり、夜は雲の中に火が現れて、いつもイスラエルの人びとの目に見えた。彼らの旅路の間中、ずっとそうであった。

このように、証書の箱の宿り場（会見の幕屋）は、完成しました。シナイ山でモーセを通して、イスラエルの人びとに与えられた命令が、果たされたのです。こうして、約束の地をめざすイスラエルの民の、旅は続くのです。

まとめにかえて

ここまで、『旧約聖書』（ユダヤ教の言い方では、タナハ）の、二番目の書物である『出エジプト記』を、丁寧に読んできました。

この書物は、かなり複雑な構成をとっており、ドラマティックな部分と、反復が多く退屈なだけにみえる部分と、からなります。通して読むことはキリスト教の信徒でもあまりないかも知れません。初めて読む方はもちろん、聖書を長年読んで来られた方にも、いろいろな発見があったのではないでしょうか。

出エジプト記は、ユダヤ教、そしてキリスト教の、根幹になる書物のひとつです。出エジプト記がなければ、サドカイ派もパリサイ派も、ナザレのイエスも、現れなかったでしょう。この書物の骨格や細部を理解することは、西欧文明を深く理解するための、重要な補助線になると思います。

では、出エジプト記から、何を汲み取ればよいか。本書の最後に、私の考えをのべておきましょう。読者の皆さんの、参考になればさいわいです。

＊

出エジプト記の核心はなにか。それは、モーセという預言者の像を、ありありと描き出したことです。

われわれは聖書に書いてあることは当たり前、と思っているので、そう言っても実感がないかもわかりません。モーセが出てくるのが、聖書じゃないのか。でも、出エジプト記がなければ、モーセという人物が、このようにはっきり像を結ぶことはなかったでしょう。出エジプト記は、モーセを造りあげたと言ってもよいのです。

同じことを、別なふうに言ってみましょう。預言者モーセは、出エジプト記がつくり出したフィクションである、と。

＊

書物のなかに登場する人物が、フィクションであるとは、どういうことでしょうか。ムハンマド、そしてイエスと、比較対照してみましょう。

まず、ムハンマド。ムハンマドは実在する、歴史上の人物です。聖典『クルアーン』以外にも、彼の言動を伝える多くの記録が残っていることから、それは明らかです。「実在することが明らかな、預言者」なのです。そして、ムハンマドの受けた啓示も、もれなく記録され、人間の編集の手をほとんど経ないまま、伝えられている。預言者ムハンマドの実在が明らかで、ムハンマドの受けた啓示の真正性も明らか。イスラム教は、こうした強固な基礎のうえに載っています。フィクションの要素は、ゼロです。

つぎに、ナザレのイエスの場合はどうか。イエスについての記録は、新約聖書に収められた四つの福音書（それに加えて、トマス福音書をはじめとする、新約聖書に収められなかったいくつもの福音書）に書かれたことがすべてです。これらは信徒が伝え、教会で伝承された物語や文書なので、疑い深い研究者は、イエスが実在したかどうかを問題視します。歴史学の見地からすると、イエスの実在は、疑う余地があるということです。

歴史学は、文書などの証拠を根拠に、過去の事実を再構成する学問です。歴史学から言ってある人物が実在したとは、その記録が、信頼できるかたちで、複数の史料に記録されていること。墓があれば、なお決定的な決め手になります。しかしイエスの場合、キリスト教関連の文書のほかには、いくら探しても記録がみつかりません。ユダヤ教側の文書にも、ローマ側の文書にも記録がない。（ヨセフスの『ユダヤ古代誌』にイエスへの言及がありますが、後世キリスト教徒による加筆ともいいます。）だから実在が疑わしい、という結論になるのです。

しばらく前、新聞に小さく、ダビデ王のことを記録した碑文が発掘された、ダビデ王の実在の証拠だ、というニュースが出ました。聖書考古学は、聖書に書いてあることを、何でも疑ってかかるのが商売です。科学者は、なんとも陰険で疑い深い生き物かと思います。ダビデ王にさえ、架空（フィクション）の嫌疑をかけるのですから、それよりはるかに時代をさかのぼるモーセがフィクションであるのは、彼らには当たり前のことです。

＊

話を戻しましょう。ナザレのイエスは、実在の人物なのかどうか。

歴史学者に言わせると、実在した証拠が十分でありません。そこで、実在の人物とは言えない、という結論になります。

でも私は、実在の人物だったろう、と思います。ナザレのイエスは、同時代の人びとからあまり注目されない、まあ一般人です。一般人に、歴史学者を満足させる史料が残ることは、期待できません。史料がないから実在しない、とは言えないのです。それに、福音書に記録されたイエスの言葉や人物像は、個性的で生き生きしていて、目の前にいるかのようです。もしもイエスが実在しないとすれば、これらはみな、誰かに創作されたことになります。そう考えるほうが無理で、不合理です。実際に宗教的な情熱にあふれた、イエスという人物が実在した、と考えるほうが自然です。

イエスが実在するとして、彼は預言者（人間）なのか、それとも、救い主（キリスト）で神の子なのか。これは、見方の問題です。歴史学の立場から言えば、人間。キリスト教の信仰の立場から言えば、救い主で神の子。そのように二重に存在しているのが、イエスです。

ちなみに、イスラム教では、イエスは、アッラーの下した預言者（すなわち、人間）と考えています。

＊

さて、本題の、モーセ。モーセは実在したのでしょうか。

その証拠は、（出エジプト記など旧約聖書の記事を除けば）一切ありません。とすると、出エジプト記や、それに続くレビ記、民数記、申命記に描かれたモーセは、フィクション（創作の産物）なのではないか。

どういうことでしょう。

出エジプト記に記されていることがらの大部分は、その時代（モーセが活動したとされる時期）に起こったとは考えられないのです。（出エジプト記には、ファラオの名前が書かれていません。そのため、モーセが活動した時期には諸説あり、紀元前一五世紀末とか、紀元前一三世紀とか言われます。）イスラエルの民が四〇〇年エジプトにいたとか、脱出したのが六〇万人だとか、葦の海で海が割れたとか、シナイ山で十戒と契約の書を授かったとか、金の子牛を造ったとか、その罪のため三〇〇〇人を殺害したとか、聖所を建設したとか、四〇年間も荒野をさまよったとか、――出エジプト記のエピソードの大部分は、後世の創作（フィクション）だと思われます。モーセの個人史、たとえば、パピルスの箱に入れて河に流されたとか、王女に拾われて王宮で育ったとか、殺人を犯してエジプトを脱出しミデアンの地に逃れたとか、ミデアン人の女性を妻としたとか、も事実を反映しているという保証がありません。

この点、ムハンマドやイエスと、モーセは違います。ムハンマドは、どこからどこまでが歴史的事実であると、実在が確定している人物。イエスは、おそらく実在し、その言動のかなりの部分が事実そうであったと考えられる人物。それに比べて、モーセは、フィクションの塊り（完全なる想像の産物）だと言ってもいいでしょう。

＊

このように私は考えますが、しかし、出エジプト記は、つぎのような真実を含んでいるのだとも思います。

まず、モーセという名前の伝説的な指導者が、おそらく、イスラエルの人びとに知られていたのではないかと思います。その言い伝えを核として、金平糖のように物語を膨らませ、モーセという人物を造形したのではないか。

イスラエルの民は、素性のばらばらな、複数の多様なグループの集まりだったと考えられます。それが、ヤコブ（＝イスラエル）を共通の祖先とする、一二人の兄弟の子孫（部族）からなる民族だ、として団結するようになった。その団結のカギが、神ヤハウェへの信仰と、神との契約です。その契約をもたらしたのが、モーセという預言者だった、という伝承がもともとあったのではないでしょうか。

イスラエルの民を構成するグループのなかには、エジプトから逃げてきた、逃亡奴隷の一団もいたでしょう。そのリーダーが伝説化されて、モーセとして知られていたのかもしれない。十分ありうることです。また、アラビア半島あたりで信仰されていた火山の神がヤハウェとして、このイスラエルの民とよばれる人びとの同盟のシンボルとして、もたらされたのかもしれません。（ちなみにイスラエルの民が、同質な民族集団でなく、異質な集団の祭祀同盟として出発したというのは、マックス・ウェーバーの『古代ユダヤ教』の説です。）

＊

神ヤハウェとモーセが、どのように結びついたのかは、よくわかりません。考古学者は、ヤハウェの石柱や、ヤハウェの配偶神の遺跡を発掘しています。モーセがもたらした唯一神ヤハウェのイメージとはかなり違った実態が、ごく初期にはあったようなのです。加えて、カナンの地に定着してからもかなり長いあいだ、さまざまな神々がイスラエルの人びとのあいだで拝まれ、紛争の種となっていました。旧約聖書の記述を丁寧に読むと、その事情の一端をうかがい知ることができます。

ヤハウェ信仰がイスラエルの人びとに根づくにつれ、イスラエルの民〜神ヤハウェとの契約〜預言者モーセ、という強固な結びつきが生まれて行きました。そこで、預言者モーセを、より具体的に、イスラエルの民の導き手として造形する必要が、生まれたのだと思います。

＊

こうした視点で『出エジプト記』を見直すと、なぜこのように編集されているのか、そのなかみをより深く理解できます。

全体を、三つの部分に分けてみましょう。

最初の部分は、モーセの生い立ち、イスラエルの民の苦しみ、そして、預言者モーセの活躍とエジプト脱出まで。預言者モーセの人物像が、くっきりと描かれます。

真ん中の部分が、この書物の山場。預言者モーセが、神ヤハウェから律法を授かります。イスラエルの民と神ヤハウェが、契約によって固く結ばれます。イスラエルは、選ばれた神の民となったのです。

最後の部分は、聖所の建設。神ヤハウェはいまや、イスラエルの民と共にいるのですから、日々あがめられなければならない。そのために、聖所の建設が命じられます。砂漠の真ん中にこんな聖所が、実在したとは思われません。想像の産物（フィクション）です。それだけに、製作の手順を詳しくのべて、ありありと実在したかのように、印象づける必要がありました。

約束の地に入る前に、神との契約も、神への祭祀（犠牲を献げること）もあった。それなら、約束の地を逐われた後でも、神との契約や、神とのつながりが断たれることはない。『出エジプト記』にこうした聖所の記述があったからこそ、イスラエルの民はその後の離散と苦難の歴史を耐え抜くことができた、と言ってもよいのです。

＊

イスラエルの民は、モーゼを通して与えられた十戒など、ヤハウェとの契約（律法）を守るユダヤ教徒となりました。ユダヤ教の聖典タナハ（旧約聖書のこと）の最初の五つの書物（創世記、出エジプト記、レビ記、民数記、申命記）は、モーセ五書（トーラー）と呼ばれ、ユダヤ教の律法をまとめてのべてある部分です。『出エジプト記』は、なかでもとりわけ、モーセが神ヤハウェから律法を受け取る大事な記述を含む書物です。

『出エジプト記』後半の、聖所の建設についての具体的な指示の部分は、今日、あまり意味がありません。『レビ記』にある、神殿での犠牲の献げ方についての詳しい記述も、今日、あまり意味がありません。神殿はとっくになくなって、神ヤハウェに犠牲を献げることはもうないからです。

それでは、ユダヤ法（モーセの律法）とは実際、どのようなものなのか。

ユダヤ法はまず、モーセ五書のテキストにもとづきます。（もっとも、聖所の建設や神殿での犠牲のように、明文があっても効力のなくなってしまった部分があります。）そして、文字テキストのほかに、口伝の律法も伝えられていました。イエスの時代、ユダヤ法の担い手であったパリサイ人は、文字で書かれたモーセ五書のほかに、口伝の律法も重視していました。この両方をもとに、日常生活のさまざまな場面を残りなく覆うように組み立てられているのが、ユダヤ法です。

＊

後代のユダヤ法は、つぎのように組織されました。

中核になるのは、モーセ五書（トーラー）の本文です。

それに関連する口伝の律法や註釈を文書にまとめたものを、ミシュナーといいます。ミシュナーはトーラーよりも分量が多く、三世紀ごろに成立しました。

ミシュナーについても、さらに多く註釈が加えられました。何世紀ものちに、それをまとめた文書を、ゲマラといいます。

トーラーへの註釈である、ミシュナーとゲマラを合わせて、タルムードといいます。タルムードを研究するのが、ラビ（ユダヤ法学者）の役目です。

ユダヤ法は、体系的で、イスラム法と似ている面があります。

＊

キリスト教は、こうしたユダヤ法の律法を貶める傾向があります。新約聖書の福音書をみると、イエスがパリサイ人（律法学者）を非難している記述が多くあります。ユダヤ人は律法にこだわる頑なな人びとで、救い主であるイエスを受け入れない。キリスト教徒は、十字架で人びとの罪を贖って死んだイエスを、キリスト（救い主）と信じるのである、とされます。けれどもイエスは、律法を頭から否定してもいません。律法を完成するのだとも言っています。

モーセは人びとに律法をもたらして、神と人間の関係を樹立しました。律法に従うことは、人間の神に対する義務です。律法は、神と人間の関係を正しくしました。福音書を丁寧に読むと、イエスも、律法のこうした本質を、よく踏まえていたことがわかります。

＊

ユダヤ教はもともと、神ヤハウェによって選ばれたイスラエルの民が、神と契約を結び、律法に従うという性質のものでした。出エジプト記が編集されると、この契約は、それまでになかったつぎのような要素も盛り込んだ、複雑な内容のものになりました。

・エジプトでは奴隷状態だった……人間への隷属を脱し、神に従う民となる
・脱出したのは六〇万人……現住の全人口が、エジプトから脱出してきた

・脱出したのは一二部族……イスラエルの民すべてが、出エジプトを体験
・奇蹟を連発する……モーセは、偉大な奇蹟を行なう偉大な預言者である
・モーセは面と向かって、神と話す……あらゆる預言者のなかで、もっとも偉大
・神は民の呻き声を聞く……イスラエルの民は、神ヤハウェと契約を結ぶ
・十戒と契約の書を授かる……イスラエルの民は、モーセの律法に従う
・聖所の建設を命じる……イスラエルの民は、神殿祭祀を行なう義務がある
・モーセはアロンを祭司にする……神殿祭司よりも預言者が上である
・アロンは金の子牛をつくる……祭司も罪を犯し誤ることがある
・民は聖所を建設した……神殿がなくても、ヤハウェ信仰は保たれる

これらは、出エジプト記の不可欠の要素として、モーセと結びつきました。このような具体的な指導者モーセのイメージを造形したことが、出エジプト記という書物の、最大のポイントです。

＊

出エジプト記が編纂されるまでに、多くの預言者が現れて、神の言葉を伝えていました。イザヤ、エレミヤ、エゼキエル、サムエル、ナタン、エリヤら、大勢の預言者がいます。モーセ

はそのなかで、さまざまな預言者の特徴を組み合わせた、理想的な預言者の像になっていると思います。

出エジプト記をはじめとするモーセ五書が完成すると、預言者モーセの姿は、圧倒的な迫力をもって人びとに迫るようになります。あるときはモーセとともに喜び、あるときはモーセと共に悩み苦しんで、人びとは神の言葉を噛みしめます。こうして預言者モーセはユダヤ教の信仰の骨格を与えることになります。そしてその影響は、キリスト教にも深く及んでいます。

出エジプト記を読む意義も、ここにこそあると言えるでしょう。

『キリスト教聖書としての七十人訳――その前史と正典としての問題』教文館。
キリスト教大事典編集委員会編 1985『キリスト教大事典』，教文館。
Lang, Bernhard 2002 *The Hebrew God: Portrait of an Ancient Deity,* Yale Unversity Press. = 2009 加藤久美子訳，『ヘブライの神――旧約聖書における一神格の肖像』教文館。
Otto, Eckart 2006 *Mose: Geschichite und Legende,* Verlag C. H. Beck oHG = 2007 山我哲雄訳，『モーセ――歴史と伝承』教文館
Römer, Thomas C. 2007 *The So-called Deuteronomistic History: A Sociological, Historical and Literary Introduction,* Bloomsbury = 2008 山我哲雄訳，『申命記史書』日本基督教団出版局。
United States Catholic Conference 1994 *Catechism of the Catholic Church with Modifications from the Editio Typica,* An Image Book, Doubleday.
VanderKam, James C. 1994 *The Dead Sea Scrolls Today,* Eerdmans. = 1995 秦剛平訳，『死海文書のすべて』青土社。
Zornberg, Avivah Gottlieb 2001 *The Particulars of Rapture: Reflections on Exodus,* Schocken Books.
Wise, Michael, Abegg, Martin, Jr. and Cook, Edwood 1996 *The Deadsea Scroll: A New Translation,* Harper SanFrancisco.

旧約聖書の成立史や時代背景について

Cross, Frank M. 1973 *Canaanite Myth and Hebrew Epic: Essays in the History of the Religion of Israel,* Harvard University Press. = 1997 輿石勇訳,『カナン神話とヘブライ叙事詩』日本基督教団出版局。

Finkelstein, Israel and Silberman, Neil A. 2001 *The Bible Unearthed: Archaeology's New Vision of Ancient Israel and the Origin of Its Sacred Texts,* The Free Press. = 2009 越後屋朗訳,『発掘された聖書——考古学が明らかにする聖書の真実』教文館。

Friedman, Richard E. 1987 *Who wrote the Bible?,* Harper San Francisco. = 1989 松本英昭訳,『旧約聖書を推理する——本当は誰が書いたか』海青社。

Friedman, Richard E., 2003, *The Bible with Source Revealed,* Harper-SanFrancisco.

長谷川修一 2013『聖書考古学』中公新書。

池田裕・大島力・樋口進・山我哲雄（監修）2007『総説旧約聖書』新版，日本基督教団出版局。

Levin, Christoph 2001 *Das Alt Testament,* Beck C.H. = 2004 山我哲雄訳,『旧約聖書——歴史・文学・宗教』教文館。

大貫隆・金泰昌・黒住真・宮本久雄（編）2006『一神教とは何か——公共哲学からの問い』東京大学出版会。

魯恩碩　2019『旧約文書の成立背景を問う——共存を求めるユダヤ共同体』増補改訂版，日本基督教団出版局。

Weber, Max 1921 *Das Antike Judentum,* Gesammelte Aufsatze zur Religionssoziologie III, Verlag von J.C.B. Mohr = 1962-1964 内田芳朗訳,『古代ユダヤ教』1・2，みすず書房→ 1996 内田芳朗訳,『古代ユダヤ教』上中下，岩波文庫。

山我哲雄 2003『聖書時代史 旧約篇』岩波現代文庫。

その他、本書で触れたトピックスに関して

Boer, Harry R. 1976 *A Short History of the Early Church,* William B. Eerdmans Publishing Company. = 1977 塩野靖男訳,『初代教会史』,教文館。

Bruce, Frederick F. 1974 *Jesus and Christian Origins Outside the New Testment,* William B. Eerdmans Publishing Company = 1981 川島貞雄訳,『イエスについての聖書外資料』教文館。

Hengel, Martin, 'Die Septuaginta als "christliche Schriftensammlung," ihre Vorgeschichte und das Problem ihres Kanons', in Hengel, H. and Schwemer, A. M., eds. 1994 *Die Septuaginta zwischen Judentum und Christentum,* J.C.B.Mohr: 184-282. = 2005 土岐健治・湯川郁子訳,

主な参考文献

聖書(様々な種類があるが、特に多く利用したものとして)

『聖書』聖書協会共同訳 2018 日本聖書協会。
『聖書』新共同訳(旧約聖書続編つき・引照つき)1987 日本聖書協会。
『聖書』口語訳 1954-1955 日本聖書協会。
『聖書』新改訳 1970 日本聖書刊行会／いのちのことば社。
Coogan, Michael, D. (ed.) 2010 *The New Oxford Annoted Bible: New Revised Standard Version With The Apocryppha,* Fully Revised Fourth Edition. Oxford University Press (NRSV).
木幡藤子・山我哲雄訳 2000『出エジプト記 レビ記』(旧約聖書Ⅱ), 岩波書店(岩波赤本)。
旧約聖書翻訳委員会訳 2004『旧約聖書Ⅰ 律法』岩波書店(岩波白本)。
秦剛平訳 2017『七十人訳ギリシア語聖書 モーセ五書』講談社学術文庫。

旧約聖書の注解書・解説書

Burton, John and Muddiman, John (eds.) 2001 *The Oxford Bible Commentary,* Oxford University Press.
Clements, Ronald E. 1972 *Exodus: The Cambridge Bible Commentary on the New English Bible,* Cambridge University Press = 1981 時田光彦訳,『出エジプト記』新教出版社。
Friedman, Richard E. 2001 *Commentary on the Torah: With a New English Translation and the Hebrew Text,* Harper Collins.
Kass, Leon R. 2003 *The Beginning of Wisdom: Reading Genesis,* Free Press.
Kugel, James L. 2007 *How To Read The Bible: A Guide To Scripture, Then And Now,* Free Press.
Longman III, Tremper ed. 2013 *The Baker Illustrated Bible Dictionary,* Baker Books.
MacArthur, John 2005 *The MacArthur Bible Commentary,* Nelson Reference & Electronic.
Newsome, James D. 1998 *Exodus,* Interpretation Bible Studies, Westminster John Knox Press = 2010 大串肇訳,『出エジプト記』日本基督教団出版局。
Robinson, George 2006 *Essential Torah: A Complete Guide to the Five Books of Moses,* Schocken Books.
Walzer, Michael 1985 *Exodus and Revolution,* Basic Books.

著者紹介
橋爪大三郎（はしづめ・だいさぶろう Daisaburo HASHIZUME）
社会学者。1948年、神奈川県生まれ。1977年、東京大学大学院社会学研究科博士課程単位取得退学。執筆活動ののち、1989年、東京工業大学助教授（社会学）、1995年、同教授。東京工業大学世界文明センター副センター長などを務めたのち、2013年に退職。東京工業大学名誉教授。2018年より大学院大学至善館教授。
著書に『言語ゲームと社会理論――ヴィトゲンシュタイン・ハート・ルーマン』（勁草書房、1985年）、『仏教の言説戦略』（勁草書房、1986年→サンガ文庫、2013年）、『はじめての構造主義』（講談社現代新書、1988年）、『世界がわかる宗教社会学入門』（筑摩書房、2001年→ちくま文庫、2006年）、『言語／性／権力――橋爪大三郎社会学論集』（春秋社、2004年）、『ふしぎなキリスト教』（共著、講談社現代新書、2011年）、『世界は宗教で動いてる』（光文社新書、2013年）、『ゆかいな仏教』（共著、サンガ新書、2013年）、『面白くて眠れなくなる社会学』（PHP研究所、2014年）、『これから読む聖書 創世記』（春秋社、2014年）、『はじめての聖書』（河出書房新社、2014年→河出文庫、2017年）、『教養としての聖書』（光文社新書、2015年）、『世界は四大文明でできている』（NHK出版新書、2017年）、『4行でわかる世界の文明』（角川新書、2019年）など多数。

これから読む聖書
出エジプト記

2019年12月25日　第1刷発行

著者――――橋爪大三郎
発行者――――神田　明
発行所――――株式会社 **春秋社**
〒101-0021 東京都千代田区外神田2-18-6
電話 03-3255-9611
振替 00180-6-24861
http://www.shunjusha.co.jp/
印刷・製本――――萩原印刷 株式会社
装丁――――芦澤泰偉

EXODUS: A Bible Guide for Future Readers
by Daisaburo HASHIZUME, 2019: 12

Printed in Japan, Shunjusha.
ISBN978-4-393-33233-7
定価はカバー等に表示してあります

橋爪大三郎

これから読む聖書　創世記

世界最大のベストセラー・聖書を橋爪先生の名解説で読んでみよう。創世記は、天地創造、堕罪、大洪水と大事件が満載。この一冊で聖書がかけがえのない友となる！　1900円

▼価格は税別。